MANUAL DE ORIENTAÇÃO
Estágio supervisionado

Dados Internacionais de Catalogação na Publicação (CIP)
(Câmara Brasileira do Livro, SP, Brasil)

Bianchi, Anna Cecilia de Moraes
  Manual de orientação: estágio supervisionado/ Anna Cecilia de Moraes Bianchi, Marina Alvarenga, Roberto Bianchi. - 4. ed. - São Paulo: Cengage Learning, 2018.

  11. reimpr. da 4. ed. rev. de 2009
  Bibliografia.
  ISBN 978-85-221-0720-9

  1. Estagiários - Educação - Brasil 2. Professores - Formação profissional 3. Serviço social I. Alvarenga, Marina. II. Bianchi, Roberto. III. Título.

09-00232   CDD-370.733

Índice para catálogo sistemático:

1. Estágio supervisionado: Educação 370.733

MANUAL DE ORIENTAÇÃO
Estágio supervisionado

4ª edição

Anna Cecilia de Moraes Bianchi
Marina Alvarenga
Roberto Bianchi

CENGAGE

Austrália • Brasil • México • Cingapura • Reino Unido • Estados Unidos

CENGAGE

Manual de Orientação – estágio supervisionado 4ª edição revista

Anna Cecilia de Moraes Bianchi, Marina Alvarenga, Roberto Bianchi

Gerente Editorial: Patricia La Rosa

Editora de Desenvolvimento: Noelma Brocanelli

Supervisora de Produção Editorial: Fabiana Albuquerque

Produtora Editorial: Gisele Gonçalves Bueno Quirino de Souza

Copidesque: Viviane Akemi Uemura

Revisão: Luciane Helena Gomide, Adriane Peçanha

Diagramação: Negrito Design Editorial

Ilustração das páginas 16, 46 e 59: Francisco Bianchi

Capa: Marcela Ventura (Ventura Design)

© 2009 Cengage Learning Edições Ltda.

Todos os direitos reservados. Nenhuma parte deste livro poderá ser reproduzida, sejam quais forem os meios empregados, sem a permissão, por escrito, da Editora. Aos infratores aplicam-se as sanções revistas nos artigos 102, 104, 106 e 107 da Lei nº 9.610, de 19 de fevereiro de 1998.

Esta editora empenhou-se em contatar os responsáveis pelos direitos autorais de todas as imagens e de outros materiais utilizados neste livro. Se porventura for constatada a omissão involuntária na identificação de algum deles, dispomo-nos a efetuar, futuramente, os possíveis acertos.

A Editora não se responsabiliza pelo funcionamento dos links contidos neste livro que possam estar suspensos.

Para informações sobre nossos produtos, entre em contato pelo telefone **0800 11 19 39**

Para permissão de uso de material desta obra, envie seu pedido para **direitosautorais@cengage.com**

© 2009 Cengage Learning. Todos os direitos reservados.

ISBN-13: 978-85-221-0720-9

ISBN-10: 85-221-0720-3

Cengage Learning
Condomínio E-Business Park
Rua Werner Siemens, 111 – Prédio 11 – Torre A – Conjunto 12
Lapa de Baixo – CEP 05069-900 – São Paulo – SP
Tel.: (11) 3665-9900 – Fax: (11) 3665-9901
SAC: 0800 11 19 39

Para suas soluções de curso e aprendizado, visite **www.cengage.com.br**

Impresso no Brasil
Printed in Brazil
11. reimpr. – 2018

"Tudo o que sei é que nada sei, enquanto outros acreditam saber o que não sabem."

Sócrates

(Citado por Hesse, 2012)

Prefácio

Manual de orientação: estágio supervisionado é uma contribuição preciosa que os autores trazem a público no momento em que se consolidam novos direcionamentos para essa prática educacional. Os autores, professores universitários, ampliam adequadamente a visão de estágio a partir das informações colhidas da sua prática cotidiana que resulta de suas relações com os alunos na sala de aula e, com certeza, da perspicácia investigativa proporcionada pelo assunto.

Os objetivos dos autores revestem-se de interesse ímpar aos leitores, na medida em que, além de direcionarem suas reflexões ao docente e ao aluno, impõem à atividade de estágio supervisionado um método de organização pessoal para o estágio. Nessa direção, as tarefas a serem desenvolvidas durante o período de estágio devem envolver uma organização tal que parta da elaboração de um projeto, cujo resultado culmine com um relatório circunstanciado das ocorrências vivenciadas e nele projetadas, com linguagem científica e dados estatísticos comprobatórios. Tal processo de elaboração do estágio compreende a organização, o planejamento, a análise e a redação dos diferentes dados pelos quais se pôde aprender e produzir conhecimentos novos. Assim sendo, o Estágio Supervisionado deixa de ser uma atividade meramente formal para se constituir em um verdadeiro aprendizado. O estágio é, nessa perspectiva, um modo peculiar de fazer pesquisa e, ao mesmo tempo, inserir o aluno na realidade de maneira a intervir.

O mundo contemporâneo exige que os currículos dos cursos superiores estejam sempre em sintonia com a realidade para a qual se prepara o futuro profissional. No entanto, as exigências legais insistem que essa atividade seja desenvolvida abrindo-se, por conseguinte, ao docente e, de modo particular, ao aluno a possibilidade de um estreito diálogo com a realidade concreta. Nada mais urgente do que colocar o aluno frente a frente com a situação real de exercício profissional sem perder a consciência de que ainda se está no percurso. Pareceu-nos que foi exatamente pensando nisso que os autores se motivaram para a produção da obra que publicam pela Editora Cengage Learning.

Tornar o aluno mais organizado na atividade acadêmica, ampliando seu universo intelectual, surge como indispensável ao profissional deste tempo, apontam os autores. Entretanto, acima de qualquer coisa, o mérito do trabalho está em sugerir que a atividade de Estágio Supervisionado, embora pedagógica, é um exercício de pesquisa que resulta na escrita de um trabalho monográfico quase nos moldes da pesquisa científica. Desta forma, *Manual de orientação: estágio supervisionado*, de Anna Cecilia de Moraes Bianchi, Marina Alvarenga e Roberto Bianchi, apresenta-se como guia prático para o estudante que se inicia na pesquisa e ao professor que dinamiza e supervisiona as atividades dos estagiários. A simplicidade da obra é superada pela originalidade da forma de tratamento e pela clareza metodológica da exposição, articuladas com o prazer que a atividade pode produzir. Tudo isso é fruto da reflexão de professores experientes, conhecedores das necessidades acadêmicas atuais e comprometidos com a excelência da educação que vislumbram.

JARBAS VARGAS NASCIMENTO
Doutor em Letras pela Universidade de São Paulo (USP)
Professor titular do Departamento de Português da Pontifícia
Universidade Católica de São Paulo (PUC–SP)

Sumário

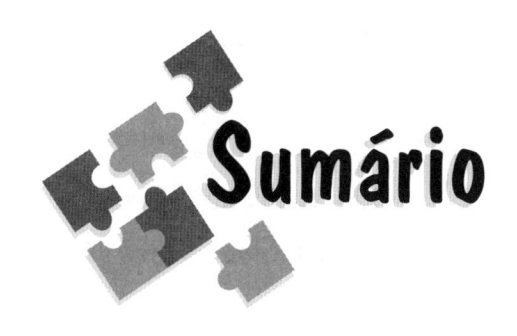

INTRODUÇÃO 1

CAPÍTULO 1   Trabalhos acadêmicos 5
   1.1   Apresentação e normas 5
   1.2   Estágio: o que é? 7
       1.2.1   Para que professores e alunos compreendam e valorizem o estágio supervisionado 7
       1.2.2   Histórico e legislação 10
       1.2.3   O estágio na universidade 12
       1.2.4   Processo e acesso 13
       1.2.5   Escolha da organização 14
       1.2.6   Atenção à legislação 15

CAPÍTULO 2   A elaboração do projeto 17
   2.1   Delimitação da área 18
   2.2   Delimitação do tema 19

2.3	Problema	21
2.4	Objetivos	22
2.5	Justificativa	23
2.6	Revisão bibliográfica ou fundamentação teórica	23
2.7	Procedimentos metodológicos	25

CAPÍTULO 3   Apresentação do projeto 33

3.1	Capa	34
3.2	Página de rosto	36
3.3	Sumário	37
3.4	Introdução	37
3.5	Objetivos gerais e específicos	37
3.6	Fundamentação teórica	38
3.7	Metodologia do trabalho	38
3.8	Cronograma	38
3.9	Referências	40

CAPÍTULO 4   Antes da redação final: generalidades 43

4.1	Linguagem e ordenação das ideias	43
4.2	O projeto como guia	44
4.3	A documentação pessoal	45

CAPÍTULO 5   Tratamento estatístico dos dados 47

5.1	Abordagem	47
5.2	Tabelas e gráficos	49
5.3	Ilustração	50

Sumário

CAPÍTULO 6 Relatório: apresentação 61

   6.1   Capa (obrigatório) 64

   6.2   Lombada (opcional) 68

   6.3   Folha de rosto 68

   6.4   Errata 71

   6.5   Folha de aprovação 71

   6.6   Dedicatória(s). Agradecimento(s). Epígrafe 73

   6.7   Resumo na língua vernácula e resumo em língua estrangeira ... 73

   6.8   Listas: de ilustrações, de tabelas e gráficos, de abreviaturas e siglas e de símbolos (opcionais) 73

   6.9   Sumário 74

   6.10 Introdução 74

   6.11 Desenvolvimento 76

   6.12 Conclusão 77

   6.13 Referências (obrigatório) 77

   6.14 Glossário. Apêndice(s). Anexo(s). Índice (opcionais) 78

   6.15 Capa de fundo 78

   6.16 Recomendações finais 78

CAPÍTULO 7 Sugestões para a realização de trabalhos 81

   7.1   Trabalhos acadêmicos 81

   7.2   Dois itens importantes 82

   7.3   Estágios 82

   7.4   Procedimentos 84

BIBLIOGRAFIA 85

APÊNDICES 89

Introdução

Este manual tem como propósito colaborar com professores e alunos universitários para a elaboração e execução de estágios curriculares. Entretanto, desde sua publicação inicial, vem sendo utilizado para concretizar muitos trabalhos, até mesmo em outros níveis de ensino. Tornou-se, assim, um instrumento útil para a formação de profissionais que poderão empregar, com eficiência, conhecimentos advindos da metodologia do trabalho científico.

As exigências das profissões no mundo atual concorrem para que os diversos cursos, em todos os níveis, incluam em sua grade curricular atividades teórico-práticas para que os alunos finalizem seus estudos com trabalhos mais complexos, neles envolvendo procedimentos que aliem a teoria à prática. Para que isso aconteça, torna-se necessário que se desenvolvam projetos, nos quais se decidam ações a serem aplicadas.

Após o planejamento, a elaboração de dissertação, monografia ou outro trabalho dependerá das instituições. Especificamente para o estágio curricular supervisionado, segue-se ao projeto um relatório, e nele se registram os resultados do que foi planejado e as ações vivenciadas na organização em que o aluno estagiou.

O estágio supervisionado, de acordo com a legislação vigente, é parte do currículo da universidade. Sua aplicação tem causado polêmica. Muitos julgam que o fato de o aluno se encontrar em uma organização para estagiar, ou trabalhar e ter comprovado que completou o número de horas exigidas, concretiza o estágio. Quando o Exame Nacional de Cursos foi aplicado, realizou-se uma pesquisa e detectou-se que os alunos reconhecem a importância e a necessidade do estágio. De acordo com as expectativas criadas, ele tende a assumir um caráter investigatório, científico, e seu resultado poderá ser apresentado em forma de monografia ou relatório como fator de contribuição para a qualidade do ensino universitário.

A partir dessa visão, procurou-se dar orientações no sentido de que os alunos se organizem, elaborem um projeto e, em sequência a este, redijam um relatório ou monografia em que narrem as ocorrências e constatem ou não o que projetaram.

Pretende-se com isso facilitar e, ao mesmo tempo, valorizar o estágio acadêmico como atividade pedagógica, visando proporcionar ao aluno a oportunidade de verificar ou aplicar teorias aprendidas com o conteúdo das diversas disciplinas e, desse modo, conseguir um real aproveitamento em seus estudos.

O Capítulo 1 refere-se às atividades curriculares que exigem os projetos e esclarece o significado do estágio, o que ele representa e como pode contribuir para o crescimento do estudante. O histórico, a legislação e os passos que o compõem estão ali resumidos.

No Capítulo 2, passa-se à elaboração e à fundamentação do projeto, que dará todo o embasamento para execução do relatório, ou outro trabalho, e, na sequência, no Capítulo 3, com a apresentação do projeto, encerra-se essa fase.

No Capítulo 4, o estudante encontra as observações necessárias para utilizar de maneira apropriada o que projetou e, assim, valorizar e compreender as partes de todo o processo.

O Capítulo 5 refere-se a questões técnicas, isto é, propõe a inclusão de tabelas e gráficos no relatório, além do cálculo de medidas de posição e dispersão, e a interpretação dos dados coletados.

No Capítulo 6, estão as orientações para a redação do que foi executado no projeto.

No Capítulo 7, e último, na certeza de que servirão como esclarecimentos que não serão deixados de lado durante a redação final, foram incluídos comentários importantes para essa finalização.

As orientações deste manual, com referência aos estágios, são mais específicas para os cursos de bacharelado. Entretanto, de acordo com os objetivos, elas são perfeitamente adaptáveis nas licenciaturas, dependendo do enfoque que lhes seja dado. Essa aplicação se comprovou desde a primeira edição, em 1998.

Trabalho de Conclusão de Curso (TCC), Trabalho de Graduação Interdisciplinar (TGI), dissertações em cursos de Educação Continuada, Pós-graduação e outros têm seguido essas orientações. Esse uso se deve ao fato de que, embora as instruções se direcionem para estágios, elas são aplicáveis a trabalhos acadêmicos que tenham por objetivo a redação em termos científicos.

Que o universitário e qualquer estudante ou professor que se proponha a utilizá-lo aprenda a aprender e a construir com as ferramentas aqui oferecidas é o que se espera.

Capítulo 1

Trabalhos acadêmicos

1.1 Apresentação e normas

É indispensável que se tracem diretrizes seguras para a apresentação de um trabalho acadêmico. Ele deve evidenciar que o aprendizado indicou caminhos adequados, sinalizando que a prática é alicerçada no conhecimento teórico.

Importantes também, na redação, são as normas que a torna uniforme e, nas publicações, facilitam a localização de determinados dizeres, títulos, edição, local de publicação etc.

No Brasil, a Associação Brasileira de Normas Técnicas (ABNT) é o órgão oficial que regulamenta e dá uniformidade à apresentação de trabalhos e publicações.

Em julho de 2001, a ABNT divulgou a NBR 14724 – e posteriormente a atualizou. Quanto ao seu objetivo esclareceu: "Esta Norma especifica os princípios gerais para a elaboração de trabalhos acadêmicos (teses, dissertações e outros) visando sua apresentação à instituição".

Na NBR, trabalho acadêmico é conceituado como:

> [...] Documento que representa o resultado de estudo, devendo expressar conhecimento do assunto escolhido, que deve ser obrigatoriamente emanado da disciplina, módulo, estudo independente, curso, programa e outros ministrados. Deve ser feito sob a coordenação de um orientador.

Ainda, a NBR 14724:

> especifica os princípios gerais para a elaboração dos trabalhos acadêmicos (teses, dissertações e outros), visando sua apresentação à instituição [...] aplica-se, no que couber, aos trabalhos intra e extraclasse da graduação.

Na publicação dessa norma são indicadas outras que "contêm disposições que, ao serem citadas (...), constituem prescrição para ela...": NBR 6023:2002, NBR 6024:1989, NBR 6027:1989, NBR 6028: 1990, NBR 6034:1989, NBR 10520:2002 e NBR 12225.

Professores e alunos devem acompanhar sempre as atualizações.

Este manual foi publicado com o objetivo de orientar o início do estágio curricular supervisionado com um projeto, para que a permanência dos alunos em organizações seguisse um procedimento útil, tendo em vista a formação do educando. Para finalizar, foi proposta a redação de um relatório, trabalho acadêmico cuja apresentação também ocorre com a utilização de metodologia adequada.

Essa orientação, no entanto, expandiu-se naturalmente para diversas disciplinas que necessitam de planejamento para preparar dissertações, relatórios e outras tarefas.

A elaboração de um projeto ou plano antes da redação de um trabalho acadêmico é muito importante. Quando colocado em prática, esse projeto é aplicado nas atividades para as quais foi estruturado (estágio, monografia ou outro) e depois utilizado no preparo de relatório, tese, dissertação etc. Esse procedimento dará ao estudante autoconfiança e clareza para uma boa redação.

A NBR 15287 de 2005 orienta na apresentação de projetos de pesquisa.

Nos Capítulos 2 e 3 deste livro, encontra-se o roteiro a ser seguido em um projeto, o qual direciona e dá segurança na execução de um trabalho acadêmico.

No Capítulo 6, com a orientação para o relato final, apresenta-se a forma de se elaborar o resultado desse caminho percorrido.

1.2 Estágio: o que é?

1.2.1 Para que professores e alunos compreendam e valorizem o estágio supervisionado

Compreender primeiramente o que é ou como se conceitua o estágio supervisionado é de muita importância para o aluno. Recorrer ao dicionário auxiliará a compreensão:

> **Estágio** s.m[1]. Período de estudos práticos, exigido dos candidatos ao exercício de certas profissões liberais: estágio de engenharia; estágio pedagógico./ Período probatório, durante o qual uma pessoa exerce uma atividade temporária numa empresa./Aprendizagem, experiência.
>
> **Supervisionar** v.t.[2] Bras.[3] Supervisar, inspecionar.
>
> **Supervisar** v.t. Dirigir e inspecionar um trabalho; supervisionar, revisar.
>
> **Revisar** v.t. Visar novamente; fazer a inspeção ou revisão de: revisar um processo./Rever, corrigir, emendar.
>
> **Rever** v.t. Tornar a ver, ver pela segunda vez, ver com atenção, examinar cuidadosamente com o intuito de melhorar, fazer revisão de, emendar, corrigir. (Koogan-Houaiss, 1998)

Ao se analisar o significado das palavras acima, pode-se considerar que o estágio é um período de estudos práticos para aprendizagem e experiência. Envolve supervisão e, ainda, revisão, correção, exame cuidadoso.

O estágio, quando visto como uma atividade que pode trazer imensos benefícios para a aprendizagem, para a melhoria do ensino e para o estagiário,

---

[1] A abreviação s.m. significa substantivo masculino.
[2] A abreviação v.t. significa verbo transitivo.
[3] A abreviação Bras. significa brasileirismo.

no que diz respeito à sua formação, certamente trará resultados positivos. Esses resultados são ainda mais importantes quando se tem consciência de que a maior beneficiada será a sociedade e, em especial, a comunidade a que se destinam os profissionais egressos da universidade.

Estagiar é tarefa do aluno; supervisionar é incumbência da universidade, que está representada pelo professor. Acompanhar, fisicamente se possível, tornando essa atividade incomum, produtiva, é tarefa do professor que visualiza com o aluno situações de trabalho passíveis de orientação.

Compete ao aluno estar atento, demonstrar seu conhecimento pela teoria aprendida, realizar seu trabalho com dignidade, procurando, em sua área de atuação, demonstrar que tem competência, com simplicidade, humildade e firmeza, lembrando-se de que ser humilde é saber ouvir para aprender, e ser simples é ter conceitos claros e saber demonstrá-los de maneira cordial.

Há situações em estágio que servem como alerta para professores e seus orientandos. O aluno coloca-se muitas vezes à disposição na organização, para serviços que nada têm a ver com sua área de estudos; cumpre a carga horária prevista no primeiro semestre ou primeiro ano do curso e acredita que esse "trabalho" é o estágio supervisionado.

É necessário que os professores, nesse sentido, incentivem seus alunos para sua própria valorização. Não é possível que, para cumprir o estágio, tenham de exercer funções que não sejam condizentes com sua condição de universitários, de futuros administradores, médicos, professores e de tantas outras profissões a que se destinam.

É preciso que os alunos demonstrem ao mercado de trabalho e à comunidade que sua universidade está formando profissionais com um referencial teórico/prático, que os levará a exercer com qualidade as funções às quais se destinam.

As situações de orientação envolvem a Metodologia Científica – instrumento de trabalho que, além de levar à elaboração de projetos para atuação no estágio, auxilia na redação de relatórios e monografias. Ao utilizá-las, os alunos têm oportunidade de provar sua capacidade na interpretação e na aplicação de teorias e sua competência ao comunicar resultados em linguagem clara e precisa. Monografia e relatório bem elaborados são documentos que abrem portas para jovens iniciarem sua atuação na profissão sonhada. Empregos têm sido oferecidos nas organizações a alunos que apresentam bons trabalhos escritos, dando continuidade a seu estágio como funcionários efetivos.

Quanto à atuação das empresas, pode-se dizer que muitas, principalmente as menores, não são as responsáveis pelo desconhecimento das normas que regem os estágios. Compete às instituições, sob a nova visão de ensino, dedicar-se também à comunidade e, neste caso, oferecer subsídios para que as organizações recebam condignamente os estagiários.

De acordo com Tomelin[4] (1979), para que o estágio seja melhor aproveitado, é necessária uma estrutura que permita o envolvimento das instituições de ensino, da empresa e o comprometimento do aluno. Para tanto, sugere que seja criada uma coordenadoria própria para esta dimensão do ensino-aprendizagem.

Concretizada essa situação, as instituições deverão entrar em contato com as empresas e somente serão encaminhados alunos no momento em que estiverem aptos a realizar o estágio, isto é, quando as disciplinas específicas ou profissionalizantes estiverem constando do ano letivo do curso.

Não é demais lembrar: importante, ético e moral é entender o que é válido no estágio. Certamente, não é a nota ou o conceito obtidos após sua realização nem a carga horária cumprida, mas saber que foi realizado um trabalho em cuja aplicação a universidade demonstrou haver cumprido seu dever de preparar o aluno para uma profissão. É necessário que alunos e professores coloquem a escola atual à frente das necessidades da comunidade e do mercado de trabalho. A parceria teoria/prática é capaz de formar cidadãos e profissionais competentes, aptos para um trabalho digno do papel que desempenharão na sociedade.

É interessante registrar o que Roesch (1995) coloca em seu livro *Projetos de estágio do curso de administração*, pois reforça o que se pretende para o estágio:

- aplicar na prática os conhecimentos teóricos aprendidos no curso;
- avaliar a possibilidade de sugerir mudanças nas organizações;
- enfrentar problemas reais nas organizações;
- experimentar a resolução de problemas com uma responsabilidade limitada;

- avaliar o mercado de trabalho;
- aprofundar sua área de interesse;
- testar sua habilidade de negociação. (Roesch, 1996, p. 22-23)

Finalmente, espera-se que todos os envolvidos no estágio façam dessa atividade, que pode ser marcante na profissionalização do estudante e na melhoria da qualidade do ensino, um auxiliar importante e certamente indispensável para que se atinjam os objetivos da escola e da comunidade.

1.2.2 Histórico e legislação

Em junho de 1972, realizou-se, na Universidade de Brasília, o I Encontro Nacional de Professores de Didática. Na ocasião, o professor Valnir Chagas, coordenador do Encontro, e o ministro e senador Jarbas Gonçalves Passarinho discorreram, com não contido entusiasmo, sobre a legislação que tornava obrigatório o estágio de estudantes. Ambos acreditavam ser de grande importância colocar os educandos no mercado de trabalho para contato prévio com a profissão almejada.

Em dezembro de 1996, em Natal (RN), ocorreu o Encontro Nacional do Estágio Supervisionado de Administração – Enaescad –, cuja proposta final estabeleceu as seguintes diretrizes:

1. Os trabalhos de Estágio deverão ser desenvolvidos em função das exigências das organizações, direcionados às áreas de interesse dos alunos e das respectivas IESs [Instituições de Ensino Superior] às quais pertencem;

2. Os trabalhos e a orientação de Estágio deverão ter acompanhamento e avaliação sistemática, previamente definidos em Regulamento da Instituição;

3. O Estágio deverá ser interpretado como ponto convergente do curso, devendo ter como critérios orientadores, a excelência, a praticidade, a qualidade e a utilidade da produção acadêmica;

4. O trabalho de Estágio deverá gerar um banco de dados no qual estejam inseridos conhecimentos, por parte do aluno, de forma que possam ser

relacionados e aplicados em outras Organizações e outras Instituições de Ensino;

5. O trabalho de Estágio deverá ser um elo facilitador no ajustamento natural do aluno no campo profissional dos Administradores;

6. A avaliação do trabalho de Estágio deverá contemplar, simultaneamente, o produto final gerado e o processo que conduziu a este produto;

7. As horas dedicadas ao trabalho de Estágio deverão ser distribuídas em atividades teóricas e de campo;

8. As IESs deverão gerar sistemas de controle para o processo de acompanhamento e avaliação dos conhecimentos teóricos e práticos dos alunos, adquiridos no Estágio;

9. O produto final do Estágio deverá ser em forma de relatório, conforme metodologia específica da IES, atendendo à normatização da ABNT, e defendido perante banca examinadora;

10. O Estágio deverá ser realizado após um processo cumulativo, de acordo com o projeto pedagógico de cada IES, vinculando-se a área específica à conclusão do estudo da matéria pertinente;

11. A sistemática do Estágio deverá ser avaliada periodicamente, e os resultados documentados;

12. Cada IES editará o seu Manual de Estágio Supervisionado;

13. O estagiário deverá estar respaldado por um instrumento legal, celebrado com a Organização concedente e a interveniência da Instituição de Ensino, remunerado ou não e com seguro de acidentes pessoais obrigatório.

Além de conduzir o aluno para o mercado de trabalho, pretende-se que ele, como estudante, consiga preparar projetos seguidos de relatórios para que, prevendo atividades, tenha oportunidade de aprender a redigir cientificamente. Como vimos, o estágio é realizado exatamente a partir do segundo ano de curso, quando as disciplinas específicas já compõem a grade curricular e o próprio estudante se encontra mais amadurecido para essas tarefas.

É oportuno e interessante que o aluno conheça a legislação referente a estágios.

A Portaria nº 1.002 de 29 de setembro de 1972 do Departamento Nacional de Mão-de-Obra do Ministério do Trabalho foi a primeira referência a eles.

A Lei nº 6.494, sancionada em 7 de dezembro de 1977, foi revogada e substituída pela Lei nº 11.788 de setembro de 2008.

No capítulo I, "da definição, classificação e relações de estágio", consta:

> Art. 1º Estágio é ato educativo escolar supervisionado, desenvolvido no ambiente de trabalho, que visa à preparação para o trabalho produtivo de educandos que estejam frequentando o ensino regular em instituições de educação superior, de educação profissional, de ensino médio, da educação especial e dos anos finais do ensino fundamental, na modalidade profissional da educação de jovens e adultos.
>
> § 1º O estágio faz parte do projeto pedagógico do curso, além de integrar o itinerário formativo do educando.
>
> § 2º O estágio visa ao aprendizado de competências próprias da atividade profissional e à contextualização curricular, objetivando o desenvolvimento do educando para a vida cidadã e para o trabalho.

Da Lei de Diretrizes e Bases (LDB) da Educação Nacional de 1996 foi alterada a redação do artigo 82: "Os sistemas de ensino estabelecerão as normas para realização de estágio em sua jurisdição, observada a lei federal sobre a matéria".

A Consolidação das Leis de Trabalho (CLT) também teve alterações no artigo 428.

É necessário que as instituições e seus professores encarregados do estágio conheçam, analisem e acompanhem as mudanças das leis, tendo como exemplo a atual Lei nº 11.788, aproveitando a oportunidade de conduzir alunos para a importância desse conhecimento, não somente nos estágios como também em sua conduta cidadã.

Espera-se, no nível universitário, o mais independente, que as IESs estabeleçam regulamentos e atividades que favoreçam um bom aproveitamento dessa atividade.

1.2.3 O estágio na universidade

Quando o estágio previsto é bem direcionado, acompanhado e executado de acordo com a lei, representa papel decisivo na formação profissional. Ele não deve ser considerado uma disciplina a mais no currículo, cuja única diferença é não depender de frequência em sala de aula.

Na nova visão sobre as atividades acadêmicas, com vistas à melhoria do ensino, o estágio pode representar papel de suma importância. Pelo que se depreende da legislação, o estágio supervisionado deve ter como principal característica o entrosamento da escola com o mercado de trabalho e, se ele pode ter como um dos objetivos levar o aluno a elaborar um relatório ou mesmo uma monografia como resultado de sua experiência, por que não fazê-lo?

A escola não pode ficar isenta do compromisso que supõe o estágio para iniciar o envolvimento do estudante no mercado, ao mesmo tempo reconhecendo e aplicando as teorias aprendidas, executando o projeto, justificando a sua permanência na organização e, ainda, redigindo relatórios que o levarão a um melhor desempenho de seus estudos universitários.

Permanecer determinado número de horas e dias no estágio trará, certamente, importantes resultados, se essa permanência desencadear atividade acadêmica construtiva, embasada em um currículo bem elaborado e aplicado.

1.2.4 Processo e acesso

O acesso a organizações que proporcionam estágios aos estudantes é amparado pela legislação.

Existem dificuldades no processo e no acesso do aluno ao estágio que não podem ser ignoradas.

Há organizações que

> duvidam da contribuição do aluno, mas que ainda aceitam o estagiário como parte da função social da empresa. O problema é que adotar essa atitude nem sempre implica permitir acesso de fato ao estagiário; é um processo em que se aceitam as visitas do estagiário, mas restringem-se as informações. (Roesch, 1996, p. 24)

Além desse fato, há o caso de muitos empresários que ainda não se conscientizaram da importância do estágio e colocam como principal obstáculo o receio de divulgação de informações importantes.

Na nova visão, o estágio terá outra conotação, e a escola, representada por sua administração e supervisão, terá oportunidade de um melhor entrosamento com as organizações. O estagiário poderá concorrer para que isso aconteça, tendo sempre em mente que seu comportamento ético e moral diante das informações recebidas é de suma importância e, também, como compromisso, deve entregar à organização uma cópia do relatório final com suas conclusões.

1.2.5 Escolha da organização

A escolha da organização dependerá da decisão do aluno e também das oportunidades que têm sido oferecidas.

Quanto ao local do estágio, o item 5 do Boletim Informações Objetivas 40/93 (IOB) prevê:

> O estágio somente pode verificar-se em unidades ou áreas que tenham condições de proporcionar experiências práticas na linha de formação, devendo o estudante, para esse fim, estar em condições de estagiar, de acordo com o definido pela respectiva instituição de ensino.

Não é demais lembrar o constante do item 4 da IOB:

> [...] a finalidade do estágio é propiciar a complementação do ensino e da aprendizagem a serem planejados, executados, acompanhados e avaliados segundo os currículos, programas, calendários escolares, a fim de se constituírem em instrumentos de integração, em termos de treinamento prático, aperfeiçoamento técnico-cultural, científico e relacionamento humano.

É ideal que essa escolha recaia em uma organização que corresponda aos interesses do estágio previsto para o curso.

Há instituições credenciadas que encaminham alunos para empresas por meio de convênios. Essas instituições, em contato mais intenso com a universidade e com os professores encarregados do estágio, podem proporcionar um vínculo maior escola/mercado de trabalho, pois, pela sua popularidade com estudantes e por sua credibilidade, servem como intermediárias para a concretização dessa atividade.

As empresas podem oferecer trabalhos vinculados às disciplinas profissionalizantes; e os professores, orientar por meio de projetos que seriam aplicáveis nessas organizações. Certamente, a recompensa para o aluno adviria do fato de realizar um bom estágio, seguro e bem orientado, com resultados positivos para a carreira que pretende seguir.

Algumas empresas oferecem estágios e encaminham às universidades fichas de cadastro para preenchimento dos interessados e procedem posteriormente à seleção dos candidatos. Os estagiários têm, assim, diversas opções para procurar estágios, de acordo com seu interesse.

1.2.6 Atenção à legislação

A legislação referente ao estágio curricular supervisionado deve ser acompanhada pelas instituições, para proporcionar aos acadêmicos um melhor aproveitamento das oportunidades que lhes são oferecidas por ocasião de sua atuação nas empresas.

Será muito complicado?

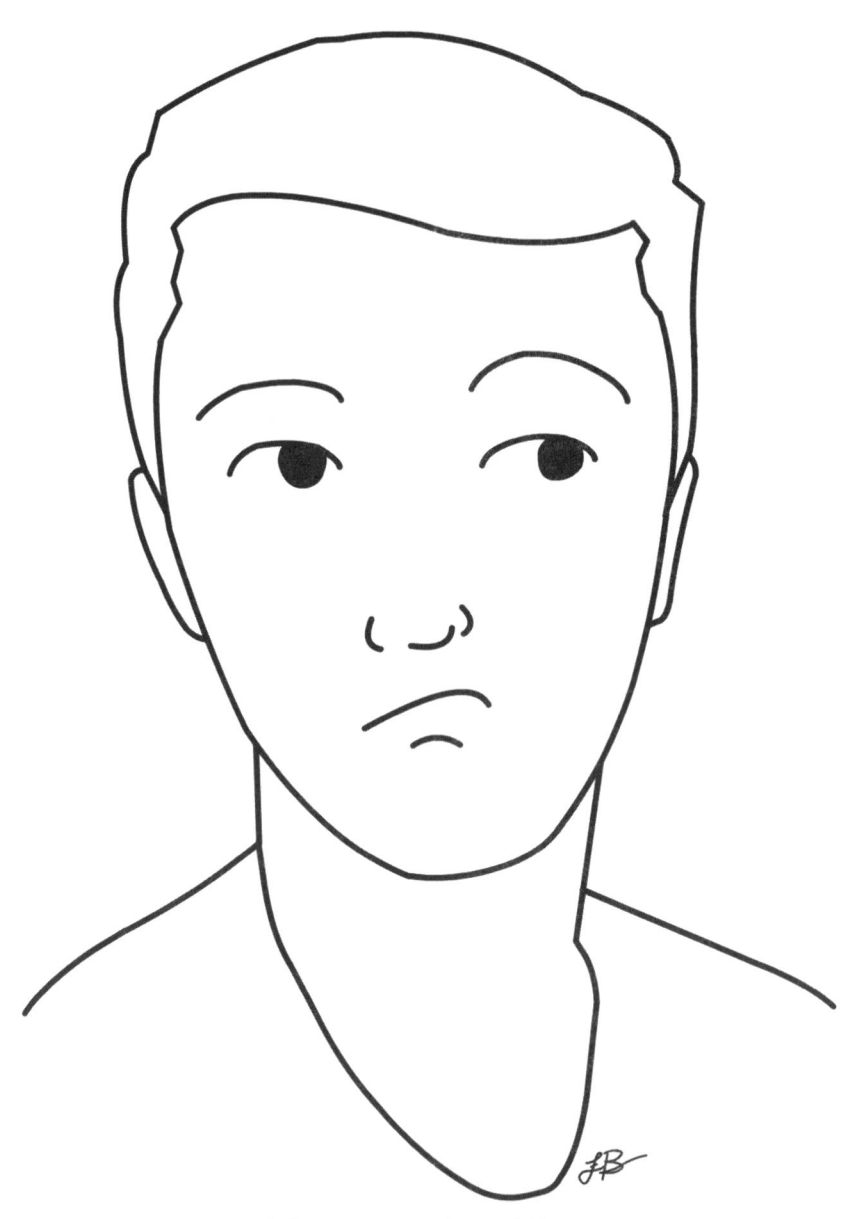

Acho que não chego lá!
É um desafio. Vou correr atrás...

Capítulo 2

A elaboração do projeto

Toda atividade humana deve ser planejada para que se possa atingir os fins com maior rapidez e satisfação. No estágio, uma das maiores dificuldades com que deparam os acadêmicos na elaboração de trabalhos é a dúvida, por não saberem por onde começar, onde querem chegar e como devem fazê-lo. Assim, utilizam-se de trabalhos já elaborados e acabam por reproduzi-los, até mesmo com erros, deixando de exercitar sua capacidade de pensar, abstrair, criar e expressar-se. Essa dificuldade ocorre desde em um resumo, na elaboração de uma resenha, em monografias e até mesmo no estágio curricular supervisionado. Disso decorre a necessidade de sempre se elaborar um projeto, evitando desperdício de tempo, de material e de expressão de potencialidades. Projetar é planejar um caminho de desenvolvimento das atividades, de forma clara, detalhada e rigorosa, incluindo-se a escolha de bibliografia, métodos, técnicas e recursos.

O projeto é um trabalho de elaboração mental e de apresentação que tem por finalidade guiar os passos do aluno e demonstrar, em linhas gerais, o que se pretende fazer, como fazê-lo e onde se poderá chegar.

Embora o indivíduo esteja sempre projetando algo em sua vida – seja uma viagem ou uma carreira profissional –, essa atividade é, em geral, feita de maneira espontânea, mas no momento em que é solicitado a elaborar um projeto de acordo com determinadas regras, muitas vezes considera isso uma perda de tempo. Assim, o aluno universitário tende a querer dar início imediatamente aos trabalhos ou ao estágio, sem nem mesmo saber o que pretende. Assim, perde um momento fundamental de sua formação.

Sem dúvida alguma, pode-se assegurar que, ao elaborar o projeto, o aluno terá traçado um caminho eficaz para a consecução de seus objetivos, porque este o orienta no sentido de responder às perguntas: "Quem?", "O quê?", "Por quê?", "Quando?", "Onde?" e "Como?". Ao realizar um projeto, o futuro estagiário irá deparar com a necessidade de escolhas que se impõem a todo momento, valendo-se dos conhecimentos teóricos apreendidos até então.

Neste manual, não se pretende esgotar o assunto, visto que o conhecimento tem se mostrado infindável, mas apenas oferecer diretrizes que possam auxiliar o aluno a planejar os trabalhos acadêmicos, até mesmo fora da vida escolar para que possa obter melhores resultados de seus esforços. Reitera-se que o projeto é um elemento fundamental em qualquer atividade; pode-se até mesmo dizer que é a apresentação da "mercadoria que queremos vender", portanto, se bem feita, pode ser um diferencial na formação acadêmica e abrir as portas de muitos lugares.

2.1 Delimitação da área

O conhecimento humano avança continuamente e, para que possa ser desenvolvido com maior objetividade e clareza, definem-se inúmeras áreas. Por exemplo: a administração é composta por um corpo complexo de atividades intrinsecamente ligadas, gerando uma divisão, mesmo que funcional, em várias áreas, tais como: administração geral, recursos humanos, marketing, finanças e outras.

Apesar de esse fato ser claro no desenvolvimento das disciplinas, quando chega a hora de elaborar um trabalho ou de fazer o estágio, muitas vezes o acadêmico se sente perdido, não conseguindo definir limites. Daí a necessidade de delimitar a área na qual pretende aprofundar-se, a fim de que se possa escolher a organização, bem como iniciar a pesquisa bibliográfica, de arquivos, de fichamentos e de documentos para facilitar a escolha do tema. Uma vez que o projeto deve resultar em um trabalho final relevante para a sociedade e ao aluno, é necessário que seja definido claramente o que se pretende.

Hoje, a internet é uma importante fonte de pesquisa, mas é preciso buscar sites confiáveis, de preferência científicos. No entanto, é fundamental lembrar que plágio é crime, portanto a fonte tem de ser corretamente citada.

De acordo com Roesch (1996, p. 65), os projetos podem ser:

- de pesquisa-aplicada, visando gerar soluções para os problemas humanos;
- de avaliação de resultados, julgando a efetividade de um plano ou programa;
- de avaliação formativa, com o propósito de melhorar um programa ou plano, acompanhando sua implementação;
- de proposição de plano, objetivando a apresentação de soluções para problemas já diagnosticados;
- de pesquisa-diagnóstico, que é a exploração do ambiente, levantando e definindo problemas.

O tipo de estágio, ou de trabalho, será determinado pelo interesse do aluno, pelo professor-orientador, ou por determinações das organizações, empresa e escola, mas, sobretudo, há que se salientar que é preciso uma postura madura e racional condizente com o profissional que se pretende ser.

Dessa forma, reforça-se a idéia de que projetar é escolher, tomar posição, decidir e planejar, determinando o caminho a ser seguido. Delimitar a área é definir um campo de atuação ou de observação.

2.2 Delimitação do tema

Definida a área, o passo seguinte é a escolha do assunto a ser trabalhado, que deverá estar diretamente ligado à área que se pretende trabalhar e ao tipo de projeto escolhido. Responde, juntamente com o problema, à pergunta: "O quê?". É uma das etapas mais difíceis porque exige conhecimento, maturidade e tomada de decisão. O aluno tem de avaliar a afinidade com o tema, viabilidade da pesquisa, o acesso ao material, bem como o estágio de desenvolvimento que o assunto atingiu nas ciências.

Para o estágio, na escolha, devem-se considerar alguns pontos, como: conhecimento sobre o assunto, relevância para o estagiário, a empresa e a sociedade, disponibilidade de material, adequação ao tempo do estágio e custo.

O tema é o assunto, em geral abrangente, e deve também ser delimitado, a fim de que a realização do trabalho se torne possível, profunda e crítica. Delimitar significa selecionar apenas um aspecto a ser abordado. Temas amplos podem deixar o trabalho superficial.

Tal delimitação exige que o aluno faça uma exploração das condições da bibliografia, que fornecerá subsídios para o desenvolvimento de seu trabalho, verificando, inclusive, o acesso a fontes confiáveis e o estágio no qual se encontram as pesquisas.

Ao delimitar o tema, o aluno deve considerar o tempo e o espaço em que o estágio será realizado. É comum o aluno confundir tema com área ou com título; assim, por exemplo, ele diz que seu tema é administração financeira ou recursos humanos, porém estas são áreas; ou *Qualidade total: uma meta necessária*, que se trata de um título. Nessas áreas, que constituem o campo de ação do administrador e a divisão racional de atividades, há uma infinidade de temas que podem ser delimitados para que possam ser abordados em profundidade, contribuindo de fato com o avanço do conhecimento.

Exemplos:
- O sistema de incentivos nas organizações educacionais particulares.
- O reflexo da desburocratização nas empresas médicas.
- A conveniência da utilização dos recursos da informática nas relações horizontais.

Dependendo da área e do tipo de estágio que se pretende, o tema deverá estar adequadamente expresso, de maneira que permita a sua compreensão e o direcionamento correto do problema a ser levantado.

Quanto ao título, em geral, ele é apenas ilustrativo, tendo como finalidade chamar a atenção do leitor, porém, o ideal é que remeta o leitor ao conteúdo do trabalho.

2.3 Problema

O homem é um ser em dúvida constante, insatisfeito e buscador de respostas novas às suas necessidades. Todos os trabalhos acadêmicos, inclusive o estágio, constituem um momento ímpar para que ele possa exercitar essa capacidade, pois está no meio do caminho, entre um estudante em vias de finalizar um curso e um indivíduo no início da vida profissional.

Assim, é fundamental que perceba a realidade social na qual está inserido, visando compreendê-la para manter seu equilíbrio ou modificá-la de acordo com as necessidades emergentes. Em qualquer área de atuação esta condição é necessária para que o profissional possa atuar.

A definição do problema tem se apresentado aos alunos como uma barreira difícil de transpor. Este fato resulta do desconhecimento e da falta de familiaridade com a área e com o assunto escolhidos.

De acordo com Rudio (1985, p. 75), "formular o problema consiste em dizer, de maneira explícita, clara, compreensível e operacional, qual a dificuldade com a qual nos defrontamos e queremos resolver (...)".

Para a resolução de uma dificuldade, pode ser necessária a realização de uma pesquisa, e esta só é viável se o fenômeno puder ser verificado por métodos que comprovem o que se buscou durante o estágio.

O problema pode ou não apresentar-se em forma de pergunta, mas é sempre um questionamento. Uma vez estabelecido, pode ser tratado o caminho, valendo-se do material já disponível e, até mesmo, levantar hipóteses.

A hipótese é uma resposta provável e provisória ao problema. No projeto de estágio, que muito se assemelha ao científico, sua indicação dependerá do tipo de trabalho a ser desenvolvido, de acordo com os interesses do aluno, da escola e da organização escolhida. Porém, em geral, não há necessidade de se proceder ao levantamento da hipótese porque o estagiário é um aprendiz.

O problema, tal como o tema, deve ser especificado em seus limites para que se obtenha resposta.

2.4 Objetivos

A definição dos objetivos responde às perguntas: O quê? O que eu pretendo com este trabalho? Qual a finalidade de sua realização?

Ao estabelecer os objetivos do trabalho, o estudante prevê aonde quer chegar e, ao mesmo tempo, quais as etapas que o levarão a isso.

Neste momento, é bom que não se confundam os objetivos da organização, ou mesmo aqueles que se pretende alcançar, com a implantação ou a mudança de algo, com os objetivos do projeto de estágio. Por exemplo, ninguém pode querer, com o estágio, aumentar as vendas, mas pode objetivar a implantação de ações que possibilitem o aumento das vendas.

É por meio dos objetivos alcançados ou não que se pode avaliar o estágio ou qualquer trabalho. Eles podem ser, genericamente, divididos em dois grupos: gerais e específicos.

Os objetivos gerais são mais amplos e estão ligados diretamente ao conhecimento que se pretende alcançar, desenvolver ou ampliar com o estágio. São expressos por idéias como: ampliar, implantar, analisar ou propor algo.

Já os objetivos específicos se referem às ações que serão desenvolvidas pelos estagiários a fim de que possam atingir os objetivos gerais, demonstrando, assim, como o projeto será desenvolvido. Por exemplo: identificar elementos constitutivos dos fenômenos, verificar documentação, classificar, levantar dados sobre algo, comparar etc. Observe-se que os objetivos específicos determinam a ação do pesquisador e seu processo de aprendizagem. Os objetivos devem ser iniciados sempre com verbos no infinitivo.

2.5 Justificativa

Ninguém faz estágio, ou qualquer outro trabalho, por diletantismo. O estágio tem uma função prático-educacional, mas para que seja aprovado precisa convencer a instituição educacional da qual o aluno parte e daquela a que se destina.

Na justificativa, o autor do projeto apresenta argumentos convincentes que possam auxiliá-lo na consecução de seu projeto. É o momento em que se apresentam as razões pelas quais se deve aceitar o projeto, respondendo à questão elaborada ("Por quê?"). De acordo com Roesch (1996, p. 91), três elementos fazem-se necessários na justificativa: importância, oportunidade e viabilidade.

Na justificativa, que deve ser elaborada de acordo com as expectativas do acadêmico, este explicita as razões de seu trabalho, devendo apontar sua importância pessoal (geralmente ligada à necessidade de verificar na prática aquilo que se aprendeu na sala de aula e nos livros) e social (baseada nas contingências político-econômico-sociais das organizações e da sociedade). É o momento de convencer o outro de que "seu produto é bom e necessário". De que é um sujeito consciente e comprometido com o que faz.

Uma vez que o sistema é dinâmico, cabe ao estagiário perceber a importância da realização de seu trabalho naquele momento e apresentá-lo escolhendo temas e problemas adequados.

É preciso que, na justificativa, fique clara a viabilidade da realização do projeto que se propõe desenvolver, incluindo-se aí as questões econômicas e políticas bem como o tempo disponível ou outro elemento que se fizer necessário. Em um mundo em que "tempo é dinheiro", a clareza na justificativa pode significar a aprovação ou não de um projeto. Sobretudo, os argumentos apresentados na justificativa devem ser convincentes e claros, demonstrando ao avaliador a capacidade e o conhecimento do estagiário.

2.6 Revisão bibliográfica ou fundamentação teórica

Para ter credibilidade, um trabalho acadêmico deve fundamentar-se em teorias reconhecidas.

> Teoria é explicação, descrição e interpretação geral das causas, formas, modalidades e relações de um campo de objetos conhecidos graças a procedimentos específicos, próprios à natureza dos objetos investigados. (Chauí, 1994, p. 157)

No mundo atual, costuma-se dizer que não há mais descobertas, mas, sim, invenções, ou seja, reelaboração de conceitos, teorias e ações.

Portanto, para que o aluno possa atingir seus objetivos, ele tem de revisar a literatura, ou seja, ler o que foi publicado anteriormente, apresentando seu trabalho apoiado em base sólida de conhecimentos e práticas reconhecidas. As ciências, o conhecimento e as áreas de atuação modernos são alvo constante de revisões que permitem seu crescimento.

O estágio, ou qualquer trabalho acadêmico, não é um momento de criação exclusiva do aluno. É, antes, a aplicação dos inúmeros conhecimentos apreendidos, consolidando-os. Em todas as áreas, há variedade de linhas teóricas: o aluno deve optar por uma delas, explorando-a. Neste momento, é necessário revisar a literatura sobre o assunto escolhido, comparando autores e optando por determinada linha, embora esta deva ser apresentada de forma breve no projeto, antecipando como as idéias ou ações serão desenvolvidas no estágio.

Sugere-se que toda leitura seja feita de primeira mão, ou seja, com a edição do próprio autor, porque quando se escreve sobre as idéias de outra pessoa, estas já passaram por um filtro teórico, o que pode provocar distorções ou empobrecer o trabalho.

A seleção de textos relevantes exige persistência e dedicação do aluno, constituindo um importante momento para que este reveja com mais maturidade o que aprendeu.

É no corpo da revisão bibliográfica que se definem e se conceituam os termos, identificando autores que os consagraram. Isso determina uma linguagem única, eliminando problemas de comunicação.

Para que a leitura seja proveitosa, o aluno deve fazer anotações e fichamentos de elementos essenciais que serão utilizados em seu trabalho.

2.7 Procedimentos metodológicos

Uma vez que a pesquisa é a aplicação dos conceitos teóricos apreendidos, no projeto é o momento de demonstrá-los de maneira metódica, garantindo que o caminho seguido pelo estagiário possa ser repetido por outros que obterão o mesmo resultado.

Com isso fica claro que a criatividade permitida e necessária no estágio tem limites a serem seguidos para garantir a credibilidade. Portanto, o aluno deve definir procedimentos metodológicos os quais são também conhecidos como metodologia. É um conjunto de instrumentos que deverá ser utilizado na investigação e tem por finalidade encontrar o caminho mais racional para atingir os objetivos propostos de maneira mais rápida e melhor.

— Métodos

Método é o caminho a ser seguido a fim de que as metas sejam atingidas. Desde o início do mundo, quando o homem procurou respostas às suas angústias, ele desenvolveu métodos. O método serve para não haver ilusão com a aparência dos fatos. "O método é mais abstrato, é recurso mais mental, é posição teórica, é esquema de referencial de conhecimento prévio." (Megale, 1989, p.67)

A palavra método vem do grego: *methodos* (meta) e *hodos* (caminho). "Usar um método é seguir regular e ordenadamente um caminho através do qual uma certa finalidade de um certo objetivo é atingida." (Chauí, 1994, p. 17)

Portanto, todo trabalho deve ser proposto, calcado em métodos que assegurem ao autor a possibilidade de chegar a conclusões bem definidas sobre o que se propôs realizar ou investigar.

• Métodos de abordagem

O aluno deve definir métodos de abordagem e de procedimento. O método de abordagem é aquele escolhido para a investigação do fenômeno, referindo-se ao plano geral do trabalho.

De acordo com Andrade (1997, p. 111) "(...) os métodos de abordagem são exclusivos entre si, embora se admita a possibilidade de mais de um método de abordagem ser empregado em uma pesquisa".

São métodos de abordagem, entre outros: o dedutivo, o indutivo, o hipotético-dedutivo e o dialético.

A dedução é um procedimento racional que leva do conhecido ao ainda não conhecido. A partir de uma verdade já conhecida, demonstra-se como aplicá-la a casos particulares.

O método dedutivo é aquele que, partindo de leis gerais que regem os fenômenos, permite chegar aos fenômenos particulares, podendo-se prevê-los. Em geral, aconselha-se aos alunos a utilizarem o método dedutivo no estágio por ser, de certa forma, a primeira vez que eles irão observar na prática e de maneira metódica os fenômenos apreendidos nos livros de teoria geral. Um exemplo: Todos os homens pensam. José é um homem; logo, José pensa.

Com o método indutivo, o caminho é oposto. Da constatação de regularidades em inúmeros fenômenos particulares com as mesmas características, chega-se a leis gerais. Esse método é bastante utilizado nas ciências médicas, quando em face de fenômenos ainda não estudados, como no caso de viroses não conhecidas. Esse método compreende as seguintes etapas: observação, hipótese, experimentação, comparação, abstração e generalização.

Em virtude do pouco tempo e experiência do aluno, ele não é utilizado, mas pode ser aplicado dependendo do tipo de pesquisa a ser feita, como no caso da pesquisa-aplicada, que envolva comparação entre várias empresas.

O método hipotético-dedutivo muito se assemelha ao indutivo, exigindo a experimentação de um número exaustivo, contudo vai além deste porque pode gerar leis e teorias.

O método dialético aborda a realidade de uma maneira dinâmica, investigando os fenômenos em seu movimento, isto é, percebendo a unidade, sua transformação e sua negação, que gera uma nova unidade. Exige tempo e maturidade do investigador para que compreenda as transformações constantes dos fenômenos. Pode ser usado na área de recursos humanos quando se trabalha, por exemplo, a satisfação dos empregados.

É lógico que a escolha do método será de acordo com os interesses do aluno e do orientador, mas sugere-se que o estagiário use o método dedutivo por ser mais fácil de ser aplicado.

• Métodos de procedimentos

Os métodos de procedimentos estão relacionados com o plano geral do trabalho. Respondem a questão: "Como o fenômeno vai ser analisado?".

São métodos de procedimentos: histórico, comparativo, estatístico, funcionalista, estruturalista, estudo de caso etc.

No método histórico, os fenômenos são investigados buscando-se suas influências hoje. Busca-se, assim, a natureza dos fenômenos atuais.

O comparativo procura semelhanças e diferenças entre os fenômenos no tempo ou no espaço.

O método estatístico abrange aspectos diferenciados. É fundamental na análise de dados emergentes de quaisquer processos nos quais haja variabilidade. O seu uso implica o conhecimento das formas de utilizar os dados, por isso o aluno encontrará outros esclarecimentos no capítulo específico. Chama-se a atenção do acadêmico para que nesta obra estude, cuidadosamente, o capítulo sobre a aplicação da estatística. Com certeza, isso muito o auxiliará na análise dos resultados.

Os elementos sociais estão intrinsecamente ligados e qualquer alteração em um deles acarreta mudanças nos demais; essa análise faz parte do método funcionalista.

No método estruturalista, a realidade social é vista como uma estrutura composta por níveis sobrepostos. Ele parte do concreto, cria um modelo ideal a partir do qual se compreende o real, voltando-se, dessa forma, para o concreto. Nas análises weberianas, encontramos a presença do método estruturalista, juntamente com o histórico.

Dá-se o nome de método monográfico ao estudo de caso. A partir de uma realidade segmentada, procuram-se generalizações. É bastante utilizado no estudo de comunidades, pela antropologia, preservando o grupo em sua unidade e características específicas.

Outro método que vem se sedimentando é o da pesquisa-ação.

— Técnicas de pesquisa

Toda pesquisa busca esclarecimento sobre algo desconhecido. O aluno pesquisador, ao iniciar seu trabalho, traz em sua bagagem todo um referencial teórico desenvolvido em sala de aula, que não é suficiente; o estágio, sendo realizado no mercado de trabalho, o complemento. Isso significa que a teoria será observada na prática.

As técnicas referem-se ao instrumento a ser utilizado para a coleta de dados. Andrade (1997, p. 115) define: "Técnicas são conjuntos de normas utilizadas especificamente em cada área das ciências, podendo-se afirmar que a técnica é a instrumentação específica da coleta de dados".

Podem ser divididas em coleta de dados e análise de dados. As técnicas de coleta de dados mais utilizadas são: documentação indireta e direta. A primeira refere-se à pesquisa bibliográfica e documental, na qual o aluno deve se preocupar com a confiabilidade das fontes. Assim, a escolha da bibliografia e dos documentos deve ser criteriosa. A técnica de documentação direta envolve: questionários, entrevistas, testes, histórias de vida, observação sistemática e assistemática etc. Sua escolha está subordinada ao tipo de pesquisa que será realizada e antecede a análise.

A verificação do fenômeno pode ser vista mediante observação experimental. Esse tipo de técnica é mais utilizado para verificação de fenômenos passíveis de serem estudados em laboratórios, mediante procedimentos rigorosamente controlados. Não é usual nas ciências humanas, sendo mais aplicado nas ciências físicas e biológicas, nas quais se pode submeter o fenômeno a provas.

A verificação por documentação é muito usada nas ciências humanas. Para a sua utilização, é necessário verificar a pertinência e a credibilidade das informações. Hoje há várias fontes de informação que podem ser empregadas, diante do avanço da tecnologia, mas deve-se verificar a seriedade da fonte, seja ela livro, jornal, CD-ROM ou internet. O aluno deve estar atento para posturas ideológicas ou informações sem comprovação.

- Questionário – É bastante utilizado nas pesquisas quantitativas, tendo por finalidade mensurar um fenômeno, por isso deve-se ter cuidado ao utilizá-lo, pois nem sempre os dados são quantificáveis. Sua elaboração exige um trabalho intelectual anterior à sua aplicação e um pré-teste, para verificar a relevância das questões elaboradas, bem como para corrigir distorções apontadas, que podem comprometer a análise final.

  A elaboração do questionário é difícil, assim, sugere-se que o pesquisador iniciante procure alguém (professor) que tenha experiência em lidar com esse instrumento.

  O questionário deve manter o sigilo quanto à identidade do respondente, mas é necessário que se divida em duas partes: primeiro com o perfil daquele que responde o questionário e depois com as questões relevantes à pesquisa que está sendo desenvolvida. O acadêmico deve formular a forma e o número de questões tendo em conta o público a ser atingido. É preciso lembrar que, quando se aplica o questionário, o pesquisador não precisa estar presente, mas, como não faz parte da cultura brasileira responder a questionários, muitas vezes é preciso que o pesquisador esteja junto.

- Entrevistas – São muito utilizadas nas pesquisas de mercado e de opinião. São aplicadas em amostragem representativa do universo para evitar distorções. Para a sua utilização, o método estatístico se faz necessário tanto para a definição da amostra quanto para a análise dos resultados. O ideal é que se faça um estudo-piloto exploratório para depois aplicar a entrevista final.

  Sua elaboração exige trabalho intelectual prévio e objetividade do pesquisador, isto é, aquele que está fazendo a entrevista deve cuidar para que suas pré-noções não interfiram nas respostas. Em geral, tem um custo mais elevado do que o questionário e exige mais tempo para a coleta de dados e a análise.

  Assim como o questionário, a entrevista exige a elaboração e um pré-teste. Deve-se ter um roteiro para ela a fim de que o objetivo não se perca.

- Testes – São bastante utilizados, entre outras situações, para medir a satisfação dos participantes e no processo de seleção, tirando-se deles uma média que permite observar o normal e o desviante. Mais uma vez se reforça a idéia da necessidade da análise estatística para elucidação dos resultados.

Histórias de vida – Embora sua utilização seja controvertida, pois as pessoas tendem a interpretar os fatos de acordo com a influência que estes exerceram sobre si, as histórias de vida vêm sendo utilizadas como instrumento de pesquisa, principalmente pela história e pela educação.

Cabe ao pesquisador compará-las e tirar conclusões, isentando-as das influências e dos estados de ânimo. É bastante custosa e demorada. Sugere-se que não seja utilizada como única forma de coleta de dados.

- Observação – Pode ser dividida em assistemática e sistemática. A primeira não é estruturada e a segunda é básica no estágio, o que reforça a necessidade de um projeto claro, pois o acadêmico tem de saber o que quer para poder observar.

Esta técnica é muito utilizada quando o pesquisador trabalha no local onde está realizando a pesquisa, mas deve ser combinada com outras para evitar distorções e conclusões preconcebidas, sobretudo quando se trata de observação-participante, que é aquela na qual o observador atua na realidade como membro.

Na aplicação dessa técnica, dois elementos fazem-se essenciais: o diário de campo, para que o aluno vá anotando o que for observado, e o portfólio em que são arquivados documentos, depoimentos, panfletos e outros materiais que possam ser úteis para a análise final.

– Técnicas de análise

Dois são os tratamentos que podem ser aplicados aos dados coletados. Podem ser analisados do ponto de vista qualitativo ou quantitativo.

A análise quantitativa está apoiada em dados estatísticos que a delimitam, comprovando o que se pretende demonstrar.

Já na análise qualitativa, a abordagem será feita por fatores intrínsecos apresentados nos fenômenos, que devem ser captados pelo pesquisador e classificados, o que exige bastante maturidade para controlar suas opiniões, não deixando que estas interfiram no processo. Por isso, depende de um olhar cuidadoso sobre o objeto.

Para a análise qualitativa, é necessário verificar a relevância das respostas e sua constância. Esse tipo de análise é muito utilizado nas ciências humanas e há várias formas de coletar os dados, conforme indicado nas técnicas para a coleta de dados.

O tipo de análise a ser feita está diretamente vinculado ao tipo de técnica utilizado para a coleta de dados.

Visto que o aluno é um iniciante na elaboração de trabalhos científicos, não deve prescindir de professores orientadores.

Um esquema das etapas da elaboração de um Projeto encontra-se no Apêndice 1.

Capítulo 3

Apresentação do projeto

O projeto é um guia a ser apresentado para alguém, seja à organização onde será feito o estágio ou ao professor-orientador. Assim, uma boa apresentação é fundamental porque delineia o trabalho do aluno – o caminho que irá seguir – possibilitando uma boa impressão daqueles que irão ajudá-lo e avaliá-lo. Em outras palavras, trata-se do planejamento do estágio.

Para a apresentação gráfica do projeto, as margens devem ser definidas, segundo os padrões da ABNT, sendo: esquerda, 3 cm; direita, 2 cm; superior, 3 cm; e inferior, 2 cm. O parágrafo deve ser definido como 1ª linha. O entrelinhamento entre os parágrafos deve ser duplo.

A numeração aparece a partir da página na qual há texto (posterior ao sumário), mas a contagem se inicia na folha de rosto.

O negrito, itálico ou grifo deve ser usado (apenas como um dos recursos) para o trabalho em: palavras e frases em língua estrangeira, títulos de livros ou periódicos, expressões de referência (*op. cit., apud, idem* etc.), destaques que se fizerem necessários. No caso de espécies e títulos de capítulos, usa-se o negrito.

As aspas devem ser utilizadas nas citações de até três linhas. As citações mais longas devem ser colocadas em destaque e com recuo de 4 cm a partir da margem esquerda, espaço simples e fonte 10, sem aspas e sem itálico. Dá-se um espaço maior entre o texto e a citação – antes e depois.

Exemplo:

> Em *Metodologia do trabalho científico*, algumas noções e técnicas de análise de texto se fazem necessárias. Leitura, ato de resumir e análise de texto formam um todo unitário. Sobretudo, quando em função de estudo ou para compreender determinada teoria científica. (Salomon, 1997, p. 54)

A apresentação do projeto, sua aparência, não somente na capa, mas em todas as partes, é muito importante, pois demonstra o equilíbrio, a organização e a estética do autor.

As regras visam à organização das idéias bem como permitem ao leitor dinamizar sua leitura, avaliar o projeto e algumas características do autor.

As normas a serem seguidas variam quando se referem a tipos diferentes de trabalhos e publicações – livros, apresentações em jornais, revistas, entre outros – e também para trabalhos acadêmicos. As regras ou normas que visam a estes últimos são focalizadas neste manual e foram estabelecidas por técnicos para facilitar a leitura e a avaliação por parte dos professores e orientadores.

Da apresentação do projeto devem constar:

3.1 Capa

O estágio não é o momento para o aluno exercitar seu lado artístico. Assim, a apresentação da capa tem a finalidade de evidenciar dados importantes como: nome e número de matrícula do aluno, tema delimitado e instituição de origem, isto é, a escola que o solicitou, bem como local e data em que o estágio está sendo realizado.

As universidades costumam definir um padrão de capa. O seguinte é um exemplo:

> UNIVERSIDADE DE ....
> ÁREA DE CIÊNCIAS ....
>
>
> TÍTULO OU TEMA
> AUTOR
>
>
> Mês e ano

3.2 Página de rosto

Também chamada capa de rosto, ou folha de rosto, a página de rosto tem por finalidade identificar o porquê da realização do estágio e quem o orientou.

```
UNIVERSIDADE.....................................
ÁREA.......................................................




                    TÍTULO OU TEMA
                         AUTOR



                Estágio realizado na área
                de.................., orientado
                pelo prof........................
                para...............................



                Mês e ano
```

3.3 Sumário

Comumente chamado de índice, o sumário é uma apresentação dos elementos constitutivos do projeto, indicando a página em que se inicia.

Seu objetivo é facilitar o manuseio do projeto, permitindo a rápida localização de seus elementos.

Embora seja apresentado após a página de rosto, o sumário é a última parte a ser elaborada, o que se justifica pelo fato de que só depois de todo o trabalho pronto a numeração das páginas será exata.

3.4 Introdução

É a apresentação do trabalho de forma sintética e objetiva. Quando bem-feita, motiva a apreciação do projeto.

Apesar de haver variações quanto aos itens a serem abordados na introdução; para que sua finalidade seja atingida, sugerem-se os seguintes elementos: a apresentação da instituição na qual o estágio será feito, envolvendo razão social, nome fantasia, localização, histórico, atividades e objetivos; identificação do tema e do problema delimitados; esclarecimento sobre os limites, práticos e teóricos, encontrados na elaboração do trabalho; justificativa, argumentando sobre a importância pessoal e social para a realização do trabalho – é o momento em que o aluno deverá convencer aquele que avalia seu projeto sobre a necessidade de sua produção.

Apesar de ser o primeiro item no corpo do trabalho, a redação definitiva da introdução deve ser a última a ser elaborada, uma vez que esta deve antecipar ao leitor uma noção geral do trabalho.

3.5 Objetivos gerais e específicos

Os objetivos definem onde o estagiário quer chegar. É o capítulo que especifica o porquê da realização do trabalho e o que se pretende atingir com ele.

3.6 Fundamentação teórica

Na vida acadêmica, o aluno deve buscar o conhecimento científico sistematicamente construído, fugindo do senso comum, do "achismo". Assim, nesse universo, tudo tem de estar fundamentado.

Costuma-se dizer que nada mais é inventado, mas apenas descoberto, isto é, todo conhecimento novo gerado está alicerçado em algo que já existe e é de importância reconhecida.

Dessa forma, neste item, o estagiário deve apresentar as premissas e as teorias nas quais está apoiado seu trabalho, dando-lhe credibilidade. Elabora-se um texto em que as citações dos autores escolhidos deverão estar acompanhadas de uma avaliação crítica.

É neste momento, também, que se definem os termos técnicos ou específicos que serão utilizados. É fundamental, ainda, que estes estejam amparados em autores consagrados, isto é, de reconhecida importância na área; estudá-los é um passo decisivo para o início de um bom trabalho.

3.7 Metodologia do trabalho

Neste capítulo, devem ser apresentados, de maneira clara e objetiva, todos os métodos e as técnicas a serem utilizados.

O estagiário deve justificar sua escolha por este ou aquele método, esta ou aquela técnica, especificando as etapas em que serão utilizados.

O acadêmico deve remeter-se ao capítulo deste livro que elucida esses aspectos e fazer opção pelo método e pelas técnicas mais adequados.

3.8 Cronograma

O cronograma é o instrumento utilizado para apresentar graficamente – preferencialmente pelo gráfico de Gantt – as etapas do trabalho.

GRÁFICO DE GANTT – modelo

Atividade	Fevereiro Semanas: 1 2 3 4	Março 1 2 3 4	Abril 1 2 3 4	Maio 1 2 3 4
Identificar	x			
Enumerar	x x x			
Listar	x	x		
Análise dos dados		x x	x	
Elaboração final do relatório			x x x x	x x x x

Algumas instituições exigem um item anterior ao cronograma – a programação – em que se relacionam todas as atividades e o período em que serão desenvolvidas. Mas entende-se que o cronograma cumpre esta função de maneira mais objetiva.

Há, ainda, as que não exigem ou acham desnecessário o gráfico, mas este, além de ilustrar o trabalho, torna interessante e mais precisa a visão das atividades que o estagiário pretende realizar, como foi dividido e calculado o tempo para que o estágio seja concluído; enfim, é uma forma de perceber se o aluno se localizou no tempo e no espaço para o cumprimento de suas tarefas.

No cronograma, devem constar as etapas do trabalho e o tempo em que ocorrerão. Deve ser claro e objetivo – apresentado, de preferência, em forma de um quadro –, facilitando a vida do estudante e do orientador, servindo como um instrumento de controle do tempo disponível e das atividades.

O gráfico de Gantt tem sido o mais utilizado, dada a facilidade na sua elaboração e leitura, mas outros podem ser escolhidos.

As atividades, exceto a elaboração do relatório, correspondem aos objetivos pretendidos.

As colunas do gráfico dependerão do número de meses correspondentes à duração do estágio e das atividades projetadas.

3.9 Referências

Nesta etapa, todas as indicações e obras utilizadas devem ser apresentadas, de acordo com as regras da ABNT. O estagiário deverá consultar uma obra de metodologia científica ou o próprio documento que normatiza a apresentação de referências bibliográficas.

Todas as obras referenciadas têm de aparecer na fundamentação teórica.

As obras consultadas devem ser listadas em ordem alfabética pelo sobrenome do autor. Hoje a ABNT coloca no mesmo rol: artigos da internet, vídeos, CDs, palestras etc. Portanto, não os separe. Consulte as normas para a apresentação de cada material.

A norma a ser utilizada é a NBR 6023, de agosto de 2002, relativa à informação e documentação – referências e elaboração. As alterações em vigor são válidas a partir de 29 de fevereiro de 2002.

Recomendações

a) O projeto é um guia, portanto deve ser claro, objetivo, tanto para o aluno que vai utilizá-lo como para o professor-orientador e para a banca examinadora. Lembre-se: é para ser seguido, de outra forma não teria validade, mas pode ser alterado se houver necessidade e conforme informações do orientador. O projeto deve ser digitado de acordo com as normas. Em hipótese alguma deve ser manuscrito.

b) A apresentação do projeto não é um momento para expressão artística; deve ser utilizada apenas tinta preta.

c) Para digitação do trabalho, o formato de papel recomendado é o A4 (210 mm x 297 mm) ou, no caso de se usar o formulário contínuo, o de 8 pol x 11 pol. (210 mm x 280 mm). O papel deve ser branco ou o reciclado.

d) Faça uso constante do dicionário e da gramática. Ninguém é obrigado a adivinhar o pensamento do autor, portanto procure desenvolver uma boa redação, relendo e revisando o texto quantas vezes forem necessárias.

Lembre-se de que a língua portuguesa passou por uma reforma em 2008. Consulte uma gramática atualizada.

e) Não é preciso enfeitar a linguagem, mas é imprescindível que a norma culta seja seguida e as palavras corretamente utilizadas de acordo com seu significado. Não esquecer que os termos técnicos têm significados específicos, sendo necessário usá-los de forma adequada.

f) Não escreva na primeira pessoa do singular, prefira uma forma mais impessoal.

g) Evite verbos que indicam subjetividade ou senso comum, como: "parece que" e "acredito que". Afinal, a credibilidade do autor naquilo que irá desenvolver pode influenciar quem vai avaliar o projeto.

h) Elabore períodos curtos, objetivos. A chance de errar é menor.

i) Escrever, ler, criticar, reescrever, estas são etapas que devem ser muitas vezes repetidas.

Capítulo 4

Antes da redação final: generalidades

Dos comentários a seguir constam generalidades ou "dicas" importantes que o estagiário deverá conhecer antes de começar a escrever, ou melhor, antes de iniciar o rascunho de seu relatório.

Não é demais comentar que escrever, reescrever, aceitar, rejeitar faz parte da redação. Rever constantemente, verificar se não houve repetição, não se cansar de aperfeiçoar são boas medidas para que o trabalho atinja o nível desejado e para que corresponda ao grau de estudo.

Por ocasião da frequência em cursos de graduação, é imprescindível que se dê tratamento científico aos trabalhos solicitados, e a forma aqui proposta para o estágio supervisionado servirá como base para a realização de tarefas, não somente durante esses cursos, mas também na profissão pretendida e em cursos posteriores.

4.1 Linguagem e ordenação das ideias

A boa linguagem de um trabalho é a porta aberta para quem o lê, ou pretende lê-lo. Sinta-se curioso e crie uma expectativa quanto ao seu conteúdo.

A linguagem clara, precisa, desde a introdução até o fim do relatório, leva o leitor a se envolver com o assunto tratado.

> A arte de bem exprimir o pensamento consiste em saber ordenar as ideias. Ordem que dá clareza a toda comunicação.
>
> E como se ordenam as ideias? Fazendo a previsão do que se vai expor.
>
> Da reflexão, passa-se ao plano. Elaborar um plano é fixar a ordem do desenvolvimento da exposição, uma vez que ele não é outra coisa senão previsão. Dispor as ideias de maneira que se tornem um instrumento eficaz para o expositor. O plano é o itinerário a seguir: "um ponto de partida", onde se indica o que se quer dizer, e "um outro de chegada", onde se conclui. Entre os dois, há as etapas, isto é, 'as partes" da composição. Construir o plano é, em última análise, estabelecer as divisões. (Boaventura, 1997, p. 7)

A ordenação das ideias, aliada à clareza da linguagem, constitui a âncora de um relatório agradável e útil.

Relembrar constantemente o conteúdo deste capítulo, quando da redação do relatório final, é recomendação para o enriquecimento do relato e consequentemente do estágio.

4.2 O projeto como guia

A retomada do projeto neste item tem seu propósito. Ele não deve ser executado apenas *pro forma*, afinal, ele é um guia para o relatório.

O relatório pode ser considerado uma narrativa do que aconteceu durante o estágio, baseada no que foi projetado.

Quando se pretende realizar uma viagem ou organizar uma festa, é necessário planejar para que tudo ocorra de modo positivo. Assim também, o projeto acadêmico é um instrumento útil de previsão, no caso, do que se fará no estágio. Ele deve ser mantido às mãos em todo o período de permanência na organização – empresa, instituição, escola.

Uma previsão bem elaborada servirá de base e dará segurança e ordem àquilo que se pretende relatar. "Feito o plano, está pronta a estrutura; falta o recheio. Elaborar o plano é simplesmente prever o que será comunicado". (Boaventura, 1997, p. 9)

É muito importante sempre verificar e registrar tudo o que ocorrer, comparar com o previsto e anotar em rascunho para não esquecer detalhes que podem ser relevantes.

4.3 A documentação pessoal

A documentação – um dos itens estudados em metodologia científica – não pode ser esquecida em todo o percurso da execução do estágio.

Salomon (1996) chama a atenção para a necessidade da documentação, observando que ela se faz necessária durante o processo de construção do trabalho científico.

Toda forma de anotação bem organizada é de imensa ajuda para o trabalho proposto; anotar sempre e com critério resulta em um trabalho agradável que o autor desejará concluir.

Não é demais lembrar aqui, em "generalidades", que a redação é, sem dúvida, de suma importância para qualquer trabalho, científico ou não, mas que também as ilustrações, principalmente na apresentação final (relatório, tese, monografia ou outro), além de torná-lo mais atraente, permitem que muitos detalhes se tornem mais facilmente compreendidos, sem a necessidade de muitas explicações.

Neste manual, foram incluídas sugestões baseadas em estudos de estatística, para tornar mais completo o relatório do estágio.

Estou chegando lá!

Agora as dúvidas são poucas.
É muito bom; é bom demais aprender!

Capítulo 5

Tratamento estatístico dos dados

5.1 Abordagem

O tratamento estatístico proposto tem por objetivo complementar e ilustrar o trabalho desenvolvido no estágio. Assim, o enfoque será da estatística descritiva, que trata da obtenção, organização, apresentação, análise e ilustração dos dados.

O universo do trabalho é a empresa, ficando, portanto, restrita a área de atuação. No entanto, com a anuência da organização, dados relevantes podem ser levantados.

A obtenção da amostra e o tratamento dos dados dependerão do tipo de atividade em que se realizará o estágio.

Para estudo de problemas ou melhoria de processos, o importante não é obter um número elevado de dados, apenas aqueles que forem significativos.

A primeira abordagem é a caracterização da empresa com informações sobre:

- nome da empresa (pode ser um nome fantasia);
- localização (rua, número, bairro, município, estado, país);
- atividade, produto;
- classificação (nacional, multinacional, pública, privada, estatal).

Outras informações:

- distribuição física (área ocupada, área construída);
- número de empregados e sua distribuição;
- tipo de mão-de-obra empregada;
- forma de recrutamento, contato com agências de emprego;
- política salarial;
- divisão administrativa;
- dados históricos disponíveis;
- benefícios.

Se o estágio for limitado a um departamento da empresa, poderão ser concentradas informações pertinentes ao setor para o desenvolvimento do trabalho.

Em se tratando de pequena e média empresas, a caracterização poderá ser geral, expandindo o campo de observação do estagiário com informações relativas:

- ao insumo, ao produto;
- à receita, às despesas;
- ao mercado, aos concorrentes;
- à informatização;
- à importação, à exportação;
- à oferta, à demanda;
- à produção, às vendas;
- aos controles estatísticos.

5.2 Tabelas e gráficos

Levantados os dados, podem ser construídos as tabelas e os gráficos representativos.

As tabelas podem ser do tipo:

- distribuição de frequências;
- séries temporais ou cronológicas;
- geográfica ou territoriais;
- especificativas ou qualitativas;
- compostas ou mistas;
- mapas e relatórios.

Quanto aos gráficos, são importantes para a representação dos dados e podem ser de:

- Análise: histograma, polígono de frequências, polígono de frequências acumuladas (crescentes ou decrescentes), para representação de tabelas de distribuição de frequências.
- Informação: linhas, pontos, barras, colunas, setores pictóricos, cartogramas, estereogramas, organogramas, fluxogramas.
- Controle: em Z com a utilização do TAM, e o ponto de equilíbrio. (Conforme descrito na p. 59.)

Ilustrações com fotografias, plantas, leiaute também podem ser feitos avaliando-se, no entanto, sua relevância para o trabalho. É fundamental utilizar todos os recursos disponíveis e a criatividade para produzir com qualidade.

Quanto à forma de apresentação das tabelas e dos gráficos, é interessante que se consultem as normas do Instituto Brasileiro de Geografia e Estatística (IBGE). Não obstante, é importante frisar que uma tabela se compõe, necessariamente, de título, corpo, cabeçalho, coluna indicadora e fonte.

Além das tabelas e da representação gráfica, podem ser calculadas algumas medidas de posição (média aritmética, moda, mediana) e de dispersão ou variabilidade (desvio padrão), dependendo da natureza do assunto tratado. Para determinação dessas medidas, consultar o formulário do Apêndice 2.

Outras situações podem ser levantadas, como: funcionamento e problemas da organização.

Em resumo, é imprescindível que sejam definidos para o tratamento estatístico: o universo de estudo, um plano de amostragem e de coleta e análise de dados.

Das observações gerais levantadas, quais conclusões e sugestões podem ser feitas pelo estagiário como contribuição à empresa?

5.3 Ilustração

As informações dadas a seguir referem-se a tabelas e gráficos que não devem conter excesso de informações.

Distribuição de frequências – São tabelas constituídas de várias classes, normalmente com amplitudes iguais, com frequências absolutas representando a ocorrência de valores em um mesmo intervalo. A frequência total é a somatória das frequências absolutas.

O gráfico mais utilizado neste caso é o histograma (conjunto de retângulos justapostos, cuja base é a amplitude de classe e a altura proporcional às frequências absolutas). Também pode ser usado o polígono de frequências (conjunto de segmentos de reta, cujas extremidades são pontos que têm como abscissas os pontos médios das classes e ordenadas proporcionais às frequências absolutas das classes) ou, então, o polígono de frequências acumuladas crescentes (as abscissas são os limites superiores das classes e as ordenadas proporcionais às frequências acumuladas crescentes das classes).

A utilização dos gráficos de análise mencionados é ilustrada por meio da tabela de distribuição de frequências, que representa os salários em reais, estimados, de 50 gerentes administrativos, em empresas de médio porte da região do Alto Tietê:

TABELA 1
Salários – Gerentes Administrativos de Empresas da Região do Alto Tietê

Classes	Salários (em reais)	Frequência absoluta
1	3.500 a 4.000	8
2	4.000 a 4.500	12
3	4.500 a 5.000	15
4	5.000 a 5.500	10
5	5.500 a 6.000	5

Fonte: Dados hipotéticos.

Polígono de Frequências Acumuladas Crescentes
Salários – Gerentes Administrativos
de Empresas do Alto Tietê

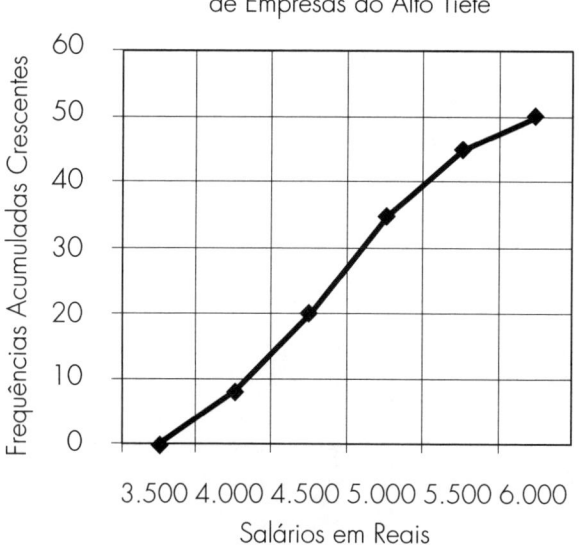

Fonte: Dados hipotéticos.

Polígono de Frequências
Salários – Gerentes Administrativos
de Empresas da Região do Alto Tietê

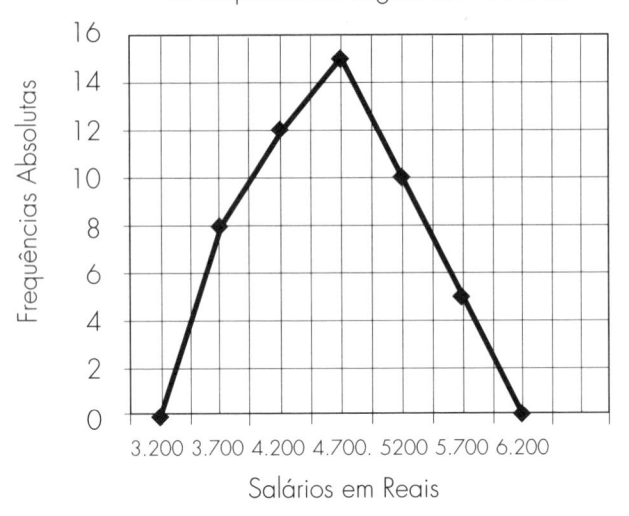

[Gráfico: Polígono de frequências, eixo Y "Frequências Absolutas" (0 a 16), eixo X "Salários em Reais" (3.200, 3.700, 4.200, 4.700, 5200, 5.700, 6.200); pontos: (3.200, 0), (3.700, 8), (4.200, 12), (4.700, 15), (5200, 10), (5.700, 5), (6.200, 0)]

Fonte: Dados hipotéticos.

Histograma
Salários – Gerentes Administrativos
de Empresas do Alto Tietê

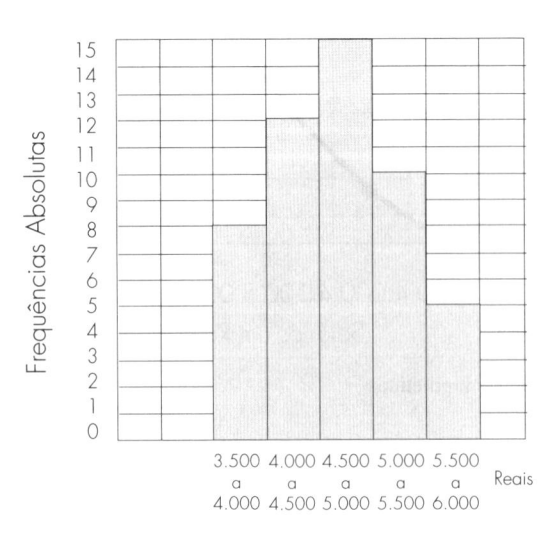

[Histograma: eixo Y "Frequências Absolutas" (0 a 15), eixo X em Reais; classes: 3.500 a 4.000 = 8; 4.000 a 4.500 = 12; 4.500 a 5.000 = 15; 5.000 a 5.500 = 10; 5.500 a 6.000 = 5]

Fonte: Dados hipotéticos.

Para as séries estatísticas e ilustração de alguns gráficos de informação citados foram pesquisados dados que serão apresentados a seguir:

– **Séries temporais ou cronológicas** – Observações referenciadas ao tempo.

TABELA 2
Consumo de Energia Elétrica em KWh
Registrado no Período de Jan./1997 a Dez./1997

Escritório

Mês	KWh	Mês	KWh
Janeiro	649	Julho	712
Fevereiro	621	Agosto	651
Março	611	Setembro	709
Abril	626	Outubro	690
Maio	989	Novembro	690
Junho	933	Dezembro	672

Fonte: Dados hipotéticos de uma Conta de Energia Elétrica.

Gráfico em Colunas
Consumo de Energia Elétrica em KWh – 1997
Escritório

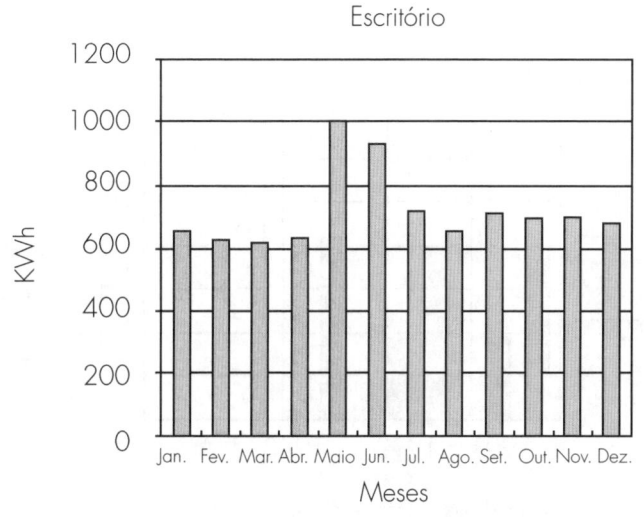

Fonte: Dados hipotéticos de uma Conta de Energia Elétrica.

– **Série geográfica-cronológica** – Observações referenciadas ao local e ao tempo.

TABELA 3
Consumo de energia elétrica em GWh na região Sudeste
Setor industrial – 1991/1993

Unidades da federação	Industrial (GWh)		
	1991	1992	1993
Minas Gerais	20.052	20.067	20.872
Espírito Santo	2.258	2.260	2.384
Rio de Janeiro	9.305	9.182	9.301
São Paulo	37.110	36.628	38.632
Sudeste	68.725	68.337	71.189

Fonte: Ministério de Minas e Energia, Centrais Elétricas Brasileiras S.A., Sist. de Inf. Empr. do Setor de Energia Elétrica.

Gráfico em Colunas Compostas
Consumo de Energia Elétrica em GWh na Região Sudeste
Setor Industrial – 1991/93

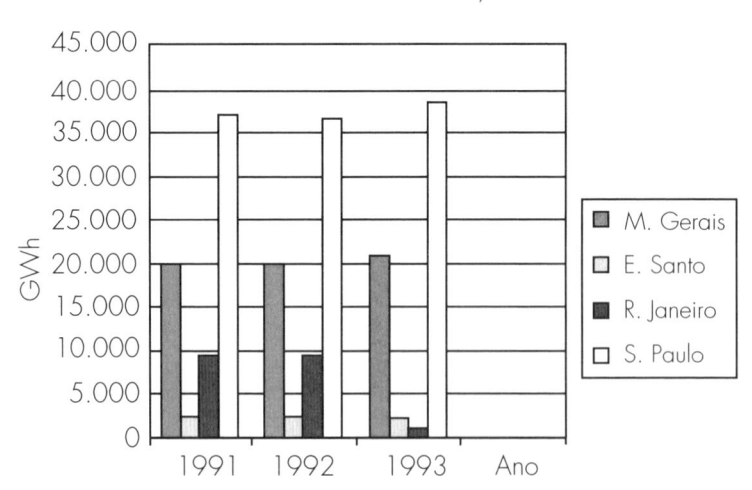

Fonte: Ministério de Minas e Energia, Centrais Elétricas Brasileiras S.A., Sist. de Inf. Empr. do Setor de Energia Elétrica.

– **Especificativa ou qualitativa** – Observações referenciadas à espécie ou qualidade.

TABELA 4
Produção e destino da produção de um produto – 1998
Principais tipos

Tipos	Produção (toneladas)
Tipo A	1.398.947
Tipo B	239.943
Tipo C	2.283.918
Outros	1.378.232

Fonte: Dados hipotéticos.

– **Gráfico de setores** – Representa cada valor em relação ao total.

Tipos de produto – Produção e Destino
1998

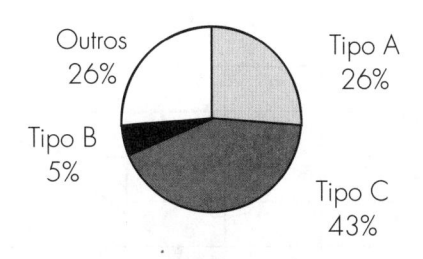

Outros 26%
Tipo A 26%
Tipo B 5%
Tipo C 43%

Fonte: Dados hipotéticos.

– **Cronológica-especificativa** – Observações referenciadas ao tempo e à espécie.

TABELA 5
População residente – Urbana e Rural
São Paulo 1950/1991

Ano	População	
	Urbana	Rural
1950	4.804.211	4.330.212
1960	8.019.743	4.789.488
1970	14.276.234	3.495.709
1980	22.196.378	2.844.334
1991	29.314.816	2.274.064

Fonte: IBGE, Diretoria de Pesquisas, Departamento de População, Censo Demográfico.

– **Gráfico em linhas** – Simples e de fácil representação.

Gráfico em Linhas
População Residente – Urbana e Rural
São Paulo

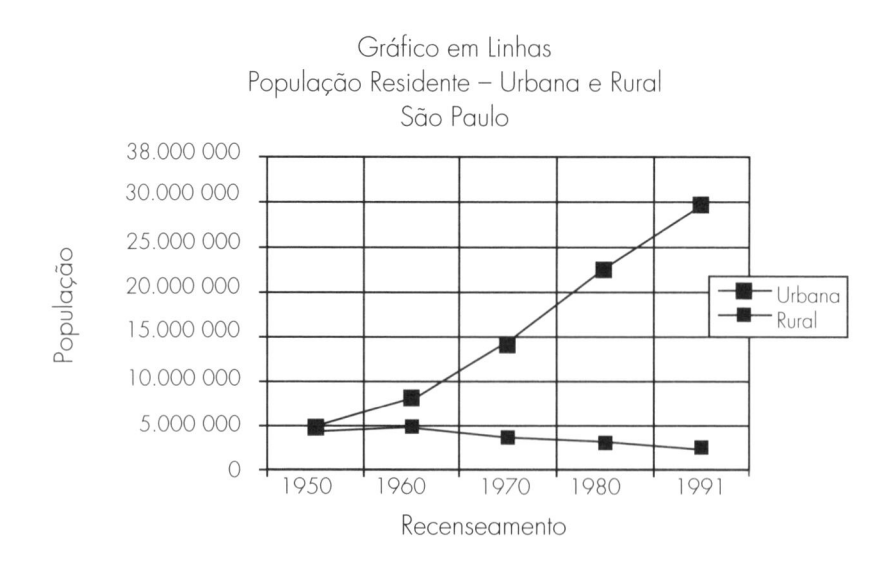

Fonte: IBGE, Diretoria de Pesquisas, Departamento de População, Censo Demográfico.

Gráfico de controle em Z, com a utilização do TAM – É um gráfico constituído de três curvas complementares em forma de Z, em que o ramo inferior representa os valores da variável, tendo como unidade o Tempo; o ramo do meio, os Valores Acumulados do início do intervalo de tempo até o momento indicado; e o ramo superior, os Totais Móveis (TAM).

Ponto de equilíbrio (PE) – Os gráficos que envolvem "ponto de equilíbrio", como oferta e demanda, custo e receita, produção e vendas, dependem do conhecimento das equações que definem as variáveis relacionadas.

TABELA 6
Custo e Receita

Produção	Custo fixo	Custo variável	Custo total	Receita total
0	5	0	5	0
5	5	10	15	15
10	5	20	25	30
15	5	30	35	45
20	5	40	45	60

Fonte: Dados hipotéticos.

Gráfico de controle em Z

Fonte: Dados hipotéticos.

Os gráficos representativos das séries aqui apresentados podem ser construídos com auxílio de programas específicos de computador, explorando um elevado número de opções disponíveis. O objetivo é despertar o interesse do estagiário em levantar dados e fazer a sua ilustração, valorizando o seu trabalho com dados reais, atualizados e relevantes para o conhecimento, análise e eventual aproveitamento da empresa.

O tratamento dos dados, os cálculos e recursos técnicos são desenvolvidos na disciplina estatística aplicada, parte do currículo da maioria dos cursos.

Eureca! Ótimo! Consegui!

É muito bom aprender!
Vou em frente!
É só seguir o restante das orientações
e logo meu trabalho estará pronto.

Capítulo 6

Relatório: apresentação

O relatório é o resultado escrito de tudo o que constou do projeto.

O percurso feito no estágio visa responder às questões básicas: "O quê?", "Por quê?", "Quando?", "Onde?" e "Como?". Ter-se-á a partir desse momento muita coisa para escrever. O relatório, certamente, não resultará em um grande acúmulo de papéis e anexos para a apresentação. Ele deve, sim, ser claro, coerente e mostrar a capacidade do aluno em reunir dados pesquisados, estudados e de colocá-los em uma sequência lógica e bem elaborada.

As instituições costumam dar instruções para a elaboração dos trabalhos acadêmicos, que, em linhas gerais, não divergem das aqui contidas; as regras são estabelecidas para tornar as publicações mais uniformes, com suas partes facilmente localizáveis.

As instruções encontradas nas normas da ABNT facilitam a orientação de dissertações, teses e outros trabalhos exigidos para a formação de estudantes. Segui-las é direcionar-se com segurança em regras oficialmente aceitas.

Os relatórios referentes ao estágio, portanto, devem seguir a metodologia indicada para os trabalhos científicos, visando à melhor apresentação.

As principais regras gerais da apresentação dos trabalhos são:

a) papel branco, formato A4 (210 mm x 297 mm);

b) cor preta para datilografia ou digitação;

c) as ilustrações podem ser em cores;

d) o projeto gráfico é de responsabilidade do autor, porém o estudante deve seguir orientação e sugestões do professor (as editoras têm projetos próprios, os quais caracterizam suas publicações; esses dependem de cada uma delas);

e) fonte recomendada para o texto: tamanho 12. Menor para citações de mais de três linhas, notas de rodapé, paginação e legendas das ilustrações e das tabelas;

f) margens: esquerda e superior, 3 cm; direita e inferior, 2 cm;

g) espaço duplo;

h) referências separadas entre si por dois espaços simples;

i) digitar centralizada a denominação dos elementos que fizerem parte do trabalho (errata, agradecimentos, lista de ilustrações, sumário, referências etc.);

j) não colocar título e nem indicativo numérico na folha de aprovação, na dedicatória e na epígrafe;

l) a contagem das páginas é a partir da folha de rosto. A numeração é desde a primeira página do texto em algarismos arábicos, no canto superior da folha, a 2 cm da borda superior, ficando o último algarismo a 2 cm da borda direita da folha;

m) apêndices e anexos seguem normalmente a numeração do texto.

As partes que compõem o trabalho acadêmico são: elementos pré-textuais – que podem ser 15, dependendo da opção do autor –, os textuais – que são indispensáveis – e os pós-textuais – apenas as referências bibliográficas constituem elemento obrigatório.

— Elementos pré-textuais

(Constantes da NBR 14724)

- Capa (obrigatório)
- Lombada (opcional)
- Folha de rosto (obrigatório)
- Errata (opcional)
- Folha de aprovação (obrigatório)
- Página de dedicatória(s) (opcional)
- Página de agradecimento(s) (opcional)
- Epígrafe (opcional)
- Resumo na língua vernácula (obrigatório)
- Resumo em língua estrangeira (obrigatório)
- Lista de ilustrações (opcional)
- Lista de tabelas (opcional)
- Lista de abreviaturas e siglas (opcional)
- Lista de símbolos (opcional)
- Sumário (obrigatório)

— Elementos textuais

- Introdução
- Desenvolvimento
- Conclusão

— Elementos pós-textuais

- Referências (obrigatório)
- Glossário (opcional)

- Apêndice(s) (opcional)
- Anexo(s) (opcional)
- Índices(s) (opcional)

Quanto aos elementos textuais, sugere-se que sejam desenvolvidos na introdução do relatório, monografia ou dissertação. Os itens constantes do projeto:

- Delimitação da área
- Tema, problema, objetivos
- Justificativa
- Fundamentação teórica
- Metodologia
- Estrutura do trabalho

No momento da redação do desenvolvimento, no estágio curricular supervisionado, pode-se incluir o histórico da empresa, e a parte essencial deve abranger de maneira ampla a descrição do que foi realizado.

Recomenda-se, ainda, para um bom fechamento do trabalho, a capa de fundo.

Elementos Pré-Textuais

6.1 Capa (obrigatório)

De acordo com as normas da ABNT, constantes da NBR 10719,

> [...] os relatórios técnico-científicos devem ser apresentados no formato A4 (210 mm x 297 mm). As capas do relatório devem ser resistentes o suficiente para proteger o conteúdo por tempo razoável.

A apresentação deve ser simples e clara. Algumas instituições solicitam que seja colocado seu nome na capa, outras pedem apenas o nome do autor seguido do título do trabalho e, após, local e data.

O título deve ser de escolha do estudante. À medida que for relatando, o autor deve pensar em um título que, talvez, seja diferente do imaginado no início do projeto; esse, dificilmente permanece. As observações vão mudando; às vezes, o assunto sofre alterações e o título escolhido se define com algumas modificações.

No estágio curricular supervisionado, não é o nome da disciplina ou o da organização (empresa, instituição, escola ou outra) que deve constar como título. Ele deve ser escolhido de acordo com o tema. O problema dá origem ao tema, e do tema deriva o título.

No relatório, o título não deve ser sensacionalista; não há necessidade de chamar atenção de leitores, como acontece em publicações destinadas a grande número de pessoas; pode, entretanto, demonstrar a criatividade do autor.

A localização é no centro da capa com todas as letras maiúsculas.

O nome do autor, dependendo da orientação da instituição, é inscrito no alto da folha, sobre ou sob o título, também escrito com letras maiúsculas.

Local e data situam-se na parte inferior da capa.

Outras instruções podem existir por parte da instituição, mas as que aqui se encontram são as geralmente utilizadas.

Os modelos 1 e 2 são exemplos imaginários de capas.

AMÉLIA ANNE AVENA

AVALIAÇÃO E QUALIDADE

Uma abordagem para a pré-escola

São Paulo

2008

Modelo 1

UNIVERSIDADE MODELAR
ÁREA DE CIÊNCIAS EXATAS
CURSO DE MATEMÁTICA

O TRABALHO EM GRUPO E A MATEMÁTICA:
Desafios

SUZELY ALFA

Novembro
2008

Modelo 2

6.2 Lombada (opcional)

Dificilmente é exigida para os trabalhos de graduação. As informações referentes a ela encontram-se na NBR 12225.

6.3 Folha de rosto

A folha de rosto tem o mesmo conteúdo da capa e mais um pequeno texto explicativo.

No anverso, nas teses e dissertações, o título aparece na mesma direção em que foi localizado na capa; o mesmo deve ser feito com o nome do autor.

Deverão, ainda, constar: finalidade do trabalho, disciplina, área de concentração ou outros detalhes julgados necessários, o nome do professor orientador e, se houver, do co-orientador. Esses dados são digitados em caixa de texto, logo abaixo do título ou tema, com fonte menor (8 ou 10).

Esses registros da folha de rosto são semelhantes aos do projeto, diferindo daqueles nos detalhes, que aqui se referem ao trabalho concluído.

Local e ano do término do trabalho também são determinados.

A NBR 14724 contém essas indicações e esclarece, ainda, que, no caso de publicações, no verso dessa folha se registram dados indicados pela ficha catalográfica encontrada no Código de Catalogação Anglo-Americano 2. ed. (CCAA2).

Os modelos 3 e 4 são exemplos de folha de rosto.

Folha de rosto: teses, dissertações etc.

NOME DO AUTOR

TÍTULO OU TEMA

      Relatório exigido para conclusão
      da disciplina:................................
      Curso:..
      Prof. Orientador:........................

Local e Ano

Modelo 3

Folha de rosto em que aparece o nome da instituição

UNIVERSIDADE ....
ÁREA...

AUTOR

TÍTULO

Relatório exigido para conclusão
da disciplina:..............................
Curso:..
Prof. Orientador:........................

Local e Ano

Modelo 4

6.4 Errata

A errata serve para indicar e corrigir erros percebidos após o término e encadernação do trabalho.

Como esses erros são constatados posteriormente, apresentam-se em papel avulso, em encarte colocado logo após a folha de rosto. Exemplo:

Errata

Folha	Linha	Onde se lê	Leia-se
42	8	conclusao	conclusão

Este elemento opcional é necessário para que se evitem equívocos prejudiciais tanto ao leitor como também ao autor do trabalho.

6.5 Folha de aprovação

Nos trabalhos, inclui-se mais uma página, que "só deve constar das teses universitárias que passarão por um processo de avaliação". (Galliano, 1986, p. 149)

O modelo 5 se refere a essa folha que consta dos trabalhos acadêmicos, de acordo com a NBR 14724.

Dependendo do nível – mestrado, doutorado – e também da instituição em que forem apresentados, alguns detalhes especiais podem ser necessários, como titulação e o nome das instituições a que pertencem os examinadores. Para a graduação não há essas exigências.

Para os trabalhos de mestrado e doutorado, por ocasião da apresentação para a banca examinadora, opcionalmente é elaborada ata, documento em que se registra a aprovação.

Folha de aprovação

UNIVERSIDADE ....
CURSO ....

AVALIAÇÃO

Aluno......................... Nº matrícula ....
Título ou tema ....

Área............................... Disciplina ....
Parecer..
....
Nota ou conceito ....(...............)
Professor(es) ....
....
Data .... / .... / ....
Assinatura(s) ....
....

Modelo 5

6.6 Dedicatória(s). Agradecimento(s). Epígrafe

A dedicatória é livre e aparece no trabalho somente quando o autor desejar. Em geral, essa página se apresenta nas dissertações, teses, nos livros, sendo facultativa no relatório. Se houver, "pode ser romântica ou emocional, mas evite dedicar sua tese a um número exagerado de pessoas". (Vieira, 1996, p. 62)

Os agradecimentos, quando houver motivo bastante justo, poderão constar do relatório. É também mais frequente nas dissertações, teses, nos livros e outras publicações. De qualquer forma, é sempre elegante agradecer às pessoas que viabilizaram o trabalho.

A epígrafe é um elemento encontrado após os agradecimentos ou, ainda, nas folhas iniciais de seções primárias. Ela serve de tema a um assunto e consiste em citação escrita na entrada de um capítulo, de uma composição poética etc.

6.7 Resumo na língua vernácula e resumo em língua estrangeira

Esses resumos são obrigatórios, de acordo com a NBR 14724. Compete aos autores elaborá-los.

6.8 Listas: de ilustrações, de tabelas e gráficos, de abreviaturas e siglas e de símbolos (opcionais)

As listas apresentam-se isoladamente e de acordo com a ordem de seus componentes no texto.

Quanto mais esclarecimentos por meio de ilustrações pertinentes ao assunto tratado aparecerem no trabalho, maior será sua clareza. É importante a organização em listas, o que facilita a procura.

A relação de tabelas e gráficos aparece sempre que eles forem necessários em um trabalho científico.

No Capítulo 5, encontram-se sugestões para que constem do relatório, com o objetivo de ilustrá-lo, esclarecê-lo e também enriquecê-lo. Faz-se necessário consultá-lo quando de sua utilização no trabalho.

Na lista de localização das tabelas e dos gráficos no texto, assim como nas dos demais elementos (ilustrações, abreviaturas e siglas, símbolos), é preciso indicar com precisão o número das páginas em que estão.

Para as abreviaturas e siglas, é interessante a elaboração de listas em separado, para cada uma delas.

Os símbolos, mesmo que raros, devem da mesma forma ser enumerados.

6.9 Sumário

Compreende a indicação dos assuntos de acordo com a numeração das páginas.

O sumário é elemento pré-textual e colocado no início do trabalho, mas é o último a ser escrito. Constam dele todos os elementos, desde a introdução até as referências bibliográficas. Ele aparece em todas as publicações, inclusive neste manual. Sua localização é após a folha de rosto.

Elementos Textuais

6.10 Introdução
— Histórico da organização

No relatório do estágio, pode-se colocar esse histórico. Ele é o alicerce sobre o qual foi estabelecida ou construída a organização. Caso conste do projeto, deve ser revisto e, se necessário, melhorado e ampliado. Introduzir o leitor dessa forma nas páginas seguintes do relatório para conhecer o histórico da organização torna mais interessante o conhecimento da fase atual.

Em outros trabalhos acadêmicos, o autor poderá começar com uma pequena introdução, em um ou dois parágrafos, explicando como iniciou suas ações ou a razão da realização do trabalho e da área escolhida e em seguida passar aos outros itens.

— Delimitação da área

É necessário explicar o motivo da delimitação e da escolha da área.

O estudante poderá buscar, com os professores de diversas disciplinas ou com seu orientador, sugestões para se aprofundar em determinado assunto e visualizar esse conteúdo na organização onde estagia de acordo com seu interesse.

— Tema, problema, objetivos

No projeto, foi delimitada a área ou o universo do trabalho, verificado o problema e escolhido o tema para chegar ao título. Esse percurso pode ser narrado sucintamente na introdução.

Os objetivos encaminham o trabalho, sendo importante que sejam bastante claros, pois praticamente servem de embasamento para o projeto e, consequentemente, para o relatório.

— Justificativa

A justificativa bem elaborada no projeto poderá ser resumida com clareza e objetividade na introdução. Ela será bem elaborada à medida que o autor tenha real interesse no que realiza.

– Fundamentação teórica

Os dados da fundamentação teórica vistos no projeto, apoiados em "base sólida de conhecimentos e práticas reconhecidas", mostram que o autor se valeu, para coletar os dados necessários, de conhecimentos anteriores, que foram revistos e que serviram de suporte para sua previsão.

Usar citações ou paráfrases é muito importante.

– Procedimentos metodológicos

O método, conjunto de técnicas e processos para coleta dos dados a fim de atingir os objetivos, deve ser mencionado na introdução. A metodologia utilizada leva ao conhecimento do que se busca e, se bem escolhida, trará bons resultados ao trabalho, o que será reconhecido por aqueles que o lerem. É essencial que conste da introdução.

– Estrutura do trabalho

Também devem constar da introdução dados sobre a estrutura do relatório, ou seja, de seu desenvolvimento. Se o relato for em partes ou capítulos, explicar resumidamente o que contém cada um deles.

6.11 Desenvolvimento

Relato de todas as atividades realizadas. É o corpo do trabalho. Deve acompanhar cada etapa do projeto.

Esse relato pode ser em um só corpo e também dividido em partes ou capítulos para facilitar a redação, dependendo de como foi elaborada a previsão. Se a proposta ou o projeto for eficiente e bem organizado, certamente haverá muito a ser descrito. Não se deve esquecer de que o tratamento estatístico torna o trabalho mais completo, auxiliando, inclusive, nas conclusões.

Para Galliano (1986), tabelas, gráficos e figuras podem promover melhor compreensão do texto científico.

6.12 Conclusão

A conclusão deve ser breve, clara e conter respostas a todas as indagações do acadêmico sobre o tema referente à área escolhida. A conclusão de um trabalho sempre:

> [...] apresenta um resultado de conjunto. Na conclusão não se devem incluir elementos novos, apenas retomar o que já foi explicitado na introdução e no desenvolvimento, acrescentando-se, é claro, as conclusões logicamente decorrentes dos fatos observados. (Andrade, 1995, p. 70)

Elementos Pós-Textuais

6.13 Referências (obrigatório)

Citar os livros utilizados da mesma forma como foram apresentados no projeto, destacando seus títulos de maneira uniforme (negrito, itálico ou grifo – de acordo com a NBR 6023, item 6.5)

No Capítulo 3, encontram-se esclarecimentos sobre os termos "referências" e "bibliografia".

Na NBR 6023, estão os detalhes sobre esse item. Seu principal objetivo é especificar "os elementos a serem incluídos em referências".

Nos trabalhos de graduação, pós-graduação e outros, aparecem, ao final, como elemento obrigatório, seguindo-se a elas, caso haja, os opcionais: glossário, apêndice(s), anexo(s) e índice.

É absolutamente necessário o registro de todas as publicações mencionadas no texto.

6.14 Glossário. Apêndice(s). Anexo(s). Índice (opcionais)

O glossário aparece em uma obra, principalmente, para esclarecimento de palavras e expressões regionais ou pouco usadas.

Anexos são todos os documentos que complementam e ilustram o raciocínio do autor do texto, mas que não foram elaborados por ele. Podem aparecer ou não no trabalho, dependendo das possibilidades do estagiário em obtê-los na organização.

Apêndices são documentos elaborados pelo próprio autor do trabalho; complementam seu raciocínio sem prejudicar o desenvolvimento do relatório.

Apêndices e anexos só devem ser acrescentados ao trabalho se a estrutura da argumentação o exigir. (Galliano, 1996, p. 154)

6.15 Capa de fundo

Como no projeto, deve ser uma folha da mesma consistência da capa da frente, para melhor conservação e encerramento do trabalho.

Com a capa de fundo, fecha-se o relatório ou a dissertação, mas não é demais que sejam feitas mais algumas considerações úteis para um bom encerramento do relatório.

6.16 Recomendações finais

a) É necessário evitar formas coloquiais na redação. A linguagem deve ser simples e direta.

b) As correções ortográficas e gramaticais são de suma importância.

c) Deve ser usada a terceira pessoa do singular.[1]

---

[1] Nos trabalhos acadêmicos da área de ciências humanas, usa-se o plural de modéstia.

d) As referências pessoais devem ser deixadas de lado.

e) Como o projeto, o relatório deve ser apresentado em folha de papel sulfite, do mesmo tamanho da capa (A4), datilografado ou digitado em apenas uma das faces do papel, e as margens devem ser seguidas; eventualmente, o papel ofício também é aceito.

f) A numeração das páginas segue o mesmo critério do projeto.

g) Além de seguir as instruções deste manual, a consulta aos professores de metodologia científica, das áreas específicas e de estatística para a elaboração do projeto e do relatório é importante.

h) Seguir rigorosamente os Capítulos 2, 3 e 6 para concretizar o estágio, elaborando o projeto e o relatório e o Capítulo 5 para dar tratamento estatístico aos dados coletados. Os outros capítulos trazem leituras complementares, que devem ser sempre revistas.

# Capítulo 7

Sugestões para a realização de trabalhos

7.1 Trabalhos acadêmicos

Realizar um trabalho acadêmico satisfatório exige um esforço intelectual, que concorrerá para que o aluno em sua profissão, no futuro (isto é, na prática), saiba utilizar-se corretamente de procedimentos intelectuais a seu alcance, que poderiam passar despercebidos. Planejar, projetar, utilizando recursos teóricos e práticos facilitará a execução do que pretende.

Com um bom projeto, a redação final dos trabalhos torna-se mais exequível, facilmente elaborada e, também, evidente quanto ao aproveitamento do estudante. Isso acontece nas diversas disciplinas.

Mais do que sugestões, pretende-se dar ao estudante ensino e suas aplicações, com base em muitos anos de prática, no acompanhamento de projetos e relatórios para estágios e que são utilizáveis nas outras disciplinas.

7.2 Dois itens importantes

— Apresentação do trabalho

É muito importante proceder à revisão gramatical, examinar cuidadosamente a numeração das páginas e dos itens dela constantes; verificar a formatação de acordo com as normas seguidas.

A linguagem deve ser também revista: novas ideias a serem incluídas no texto, substituições de palavras, repetição de termos no parágrafo etc.

— Reler o trabalho é indispensável

É preciso rever a numeração das páginas seguindo as normas existentes.

A numeração dos itens deve ser cuidadosa. Quando houver mudança ou surgirem ideias que aumentem um parágrafo, deve-se revisar o registrado anteriormente.

A formatação torna o trabalho mais fácil para ser lido. Esse fator também pode influenciar na avaliação do relatório.

7.3 Estágios

O Estágio Supervisionado é uma disciplina que, para apresentar bons resultados, depende muito do interesse e dedicação do aluno e, ao final, da apresentação de um trabalho acadêmico – o relatório – que demonstre sua competência ao unir a teoria à prática.

O semestre ou ano em que será realizado, a partir do indicado pela instituição, na maior parte das vezes, é o próprio acadêmico quem decide, pois deverá ter disponibilidade fora da escola para bem executá-lo.

– Valorização do estágio

O que foi visto nos capítulos anteriores teve por objetivo demonstrar como o zelo e dedicação dos professores e alunos no estágio proporcionam resultados favoráveis para a aprendizagem.

Na sua aplicação, apresenta-se, durante a frequência aos cursos, a oportunidade mais completa de treinamento da teoria aprendida em sala de aula e possibilita ao estudante a observação da realidade na profissão pela qual optou.

O aproveitamento e a interface entre conteúdos das disciplinas permitem ao estudante comparar o que observa no contexto da instituição na qual estagia, com detalhes da profissão a que se destina.

É a oportunidade para que o acadêmico tenha a previsão de tudo o que poderá fazer para bem conduzir seu trabalho. O importante é que pondere sobre o que encontrará no início de sua carreira e preveja as atitudes a serem tomadas diante de imprevistos. Aprender a executar trabalhos que valorizem seu aprendizado é procurar uma vida plena de recompensas, que se completa ao transmitir essa convicção às pessoas com as quais convive.

– Atitudes favoráveis para a realização de um bom estágio

O estágio é, aparentemente, difícil de cumprir, pois muitas atividades são necessárias, além do horário de frequência às aulas na universidade.

A avaliação depende muito da atuação do estudante nessas atividades que exigem a prática *in loco* no mercado de trabalho.

A atitude do aluno nesses locais é vital. Exige postura adequada, polidez, interesse, participação, gentileza para com gestores e funcionários. É também indispensável a pontualidade no comparecimento à empresa, de acordo com os horários programados.

Quando o estágio está confirmado e se inicia, o aluno deverá preocupar-se com suas atitudes e, principalmente, fazer um balanço diário e anotações contendo o resultado das atividades realizadas. A orientação constante dos professores supervisores dá suporte ao estágio, à execução do projeto e redação do relatório.

Atitudes desfavoráveis, como a prepotência e a falta de colaboração, prejudicam o aproveitamento do estagiário.

Dúvidas e dificuldades devem ser examinadas com atenção, e a procura pelo professor orientador para aconselhamento é importante.

Ao término do curso, se o aluno não concluir essa disciplina deverá retornar aos estudos. Por isso, um conselho importante de ser seguido: não deixar o estágio para o final do curso. Se estiver empregado, iniciar assim que a instituição determinar; se não estiver, procurar um local ou uma organização e iniciá-lo imediatamente.

— Finalização do estágio

Completar o estágio, enquanto na universidade, resultará em aprimorar conhecimentos. O estágio não se resume no cumprimento das horas previstas. Mais do que isso é uma experiência a ser cumprida, para que a formação seja mais completa.

O comprovante de horas trabalhadas, assinado pelo supervisor da empresa, e o relatório, avaliado pelos professores responsáveis, são os documentos que comprovam o cumprimento do exigido nessa disciplina.

7.4 Procedimentos

— Dúvidas, obstáculos, entrosamento da organização e universidade

Como visto, há dúvidas e obstáculos que sempre ocorrem e se situam, principalmente, no acesso e início do processo em uma organização.

O aluno credenciado pela escola ou pela universidade irá representá-la durante sua permanência na organização. O que for exigido no estágio é fundamental que seja seguido. Ele tem de ter em mente que é um aprendiz e que suas atitudes podem determinar resultados favoráveis, ou não, ao que foi projetado.

De acordo com o modo de proceder do estagiário, o supervisor, na empresa, poderá prever como será o futuro profissional, bem como o professor supervisor na universidade por meio dos resultados, durante toda a avaliação.

Bibliografia

ANDRADE, M. *Como preparar trabalhos para cursos de pós-graduação*: noções práticas. São Paulo: Atlas, 1995.

ANDRADE, M. *Introdução à metodologia do trabalho científico*: elaboração de trabalhos na graduação. 2. ed. São Paulo: Atlas, 1997.

ANGELINI, F.; MILONE, G. *Estatística geral.* São Paulo: Atlas, v. I, 1993.

ASSOCIAÇÃO BRASILEIRA DE NORMAS TÉCNICAS. *NBR 14724.* Informação e documentação – Trabalhos acadêmicos – Apresentação. Rio de Janeiro, 2005.

ASSOCIAÇÃO BRASILEIRA DE NORMAS TÉCNICAS. *NBR 15287.* Informação e documentação – Projeto de pesquisa – Apresentação, 2005.

BARROS, A. Jesus Paes; LEHFELD, N. Aparecida de Souza. *Fundamentos de Metodologia:* um guia para a iniciação científica. São Paulo: McGraw-Hill, 1986.

BOAVENTURA, E. M. Como ordenar as ideias. 5. ed. São Paulo: Ática, 1997.

BRASIL. Lei nº 11.778. Dispõe sobre os estágios de estudantes. Brasília, setembro de 2008.

BRASIL. Lei nº 9394. Diretrizes e Bases da Educação Nacional, dezembro de 1996.

CHAUÍ, M. *Convite à filosofia.* São Paulo: Ática, 1994.

DIRETRIZES. Universidade Federal de Santa Catarina. Departamento de Ciências da Administração. *Diretrizes para a elaboração e redação do projeto de estágios.* Florianópolis: apostila, setembro de 1989.

DIRETRIZES. Universidade Federal de Santa Catarina. Departamento de Ciências da Administração. *Diretrizes para elaboração e redação do trabalho de conclusão de estágio.* Florianópolis: apostila, setembro de 1989.

ENCONTRO NACIONAL DE PROFESSORES DE DIDÁTICA. *Apostila.* Brasília: Universidade de Brasília, 1972.

ENCONTRO NACIONAL DE AVALIAÇÃO DO ESTÁGIO SUPERVISIONADO DO CURSO DE ADMINISTRAÇÃO. Apostila. Brasília: Universidade de Brasília, 1997.

FEITOSA, V. C. *Redação de textos científicos.* 2. ed. Campinas; São Paulo: Papirus, 1995.

GALLIANO, A. G. *O método científico:* teoria e prática. São Paulo: Harbra, 1986.

HESSE, Helge. *A história do mundo em 50 frases: uma viagem pela nossa história desde a Antiguidade até os dias atuais.* Rio de Janeiro: Casa da Palavra, 2012.

KOOGAN-HOUAISS. *Enciclopédia digital.* São Paulo: Klick, 1998.

LAKATOS, E. M., MARCONI, M. de Andrade. *Fundamentos de metodologia científica.* São Paulo: Atlas, 1986.

LEIS. Legislação trabalhista e previdenciária. IOB Boletim – Informações Objetivas – 40/93.

MEDEIROS, J. B. *Redação científica:* a prática de fichamentos, resumos, resenhas. 2. ed. São Paulo: Atlas, 1996.

MEGALE, J. F. *Introdução às ciências sociais:* roteiro de estudos. São Paulo: Atlas, 1989.

MINISTÉRIO DA EDUCAÇÃO E CULTURA. *Escola/Empresa*: a qualificação pelo estágio. Brasília, 1979.

Bibliografia

MINISTÉRIO DO TRABALHO. Portaria nº 1002, de 29 de setembro de 1972. Dispõe sobre os estágios dos estudantes.

NORMAS. DOC. *Normas para apresentação de trabalhos*. Universidade Federal do Paraná. Biblioteca Central. 5. ed. Curitiba: UFPR, 1985. 8 v. II.

PÁDUA, E. Matallo Marchesini de. *Metodologia da Pesquisa:* abordagem teórico-prática. Campinas; São Paulo: Papirus, 1996.

ROESCH, S. M. Azevedo & colaboradores: BECKER, G., MELLO, M. I. de. *Projetos de estágio no curso de administração:* guia para pesquisas, projetos, estágios e trabalhos de conclusão de curso. São Paulo: Atlas, 1996.

RUDIO, F. V. *Introdução ao projeto de pesquisa científica.* 10. ed. Petrópolis: Vozes, 1985.

SALOMON, D. Vieira. *Como fazer uma monografia.* 4. ed. São Paulo: Martins Fontes, 1997.

SEVERINO, A. J. *Metodologia do trabalho científico.* 20. ed. São Paulo: Cortez, 1996.

SILVA, E. Medeiros et. al. *Estatística*: para os cursos de economia, administração, ciências contábeis. São Paulo: Atlas, 1995.

TAFNER, J.; BRANCHER, A.; TAFNER, M. A. *Metodologia científica:* referências, citações, tabelas. Curitiba: Juruá, 1995.

TOMPSON, A. *Manual de orientação para preparo de monografia:* destinado, especialmente, a bacharelandos e iniciantes. 2. ed. Rio de Janeiro: Forense-Universitária, 1991.

VIEIRA, S. *Como escrever uma tese.* 3. ed. São Paulo: Pioneira, 1996.

Apêndices

Apêndice 1

ETAPAS DO PROJETO DE PESQUISA – ESQUEMA

Anna Cecilia de Moraes Bianchi & Marina Alvarenga
Supervisão: Prof. Dr. Jarbas Vargas Nascimento[1]

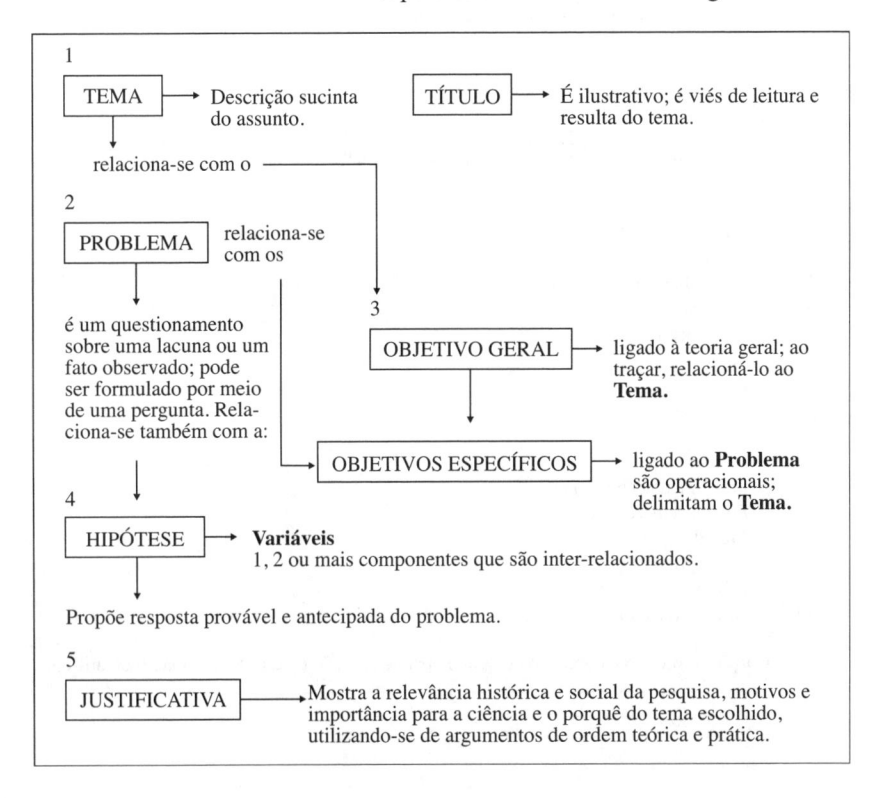

1
TEMA → Descrição sucinta do assunto.
TÍTULO → É ilustrativo; é viés de leitura e resulta do tema.

relaciona-se com o ↓

2
PROBLEMA — relaciona-se com os

é um questionamento sobre uma lacuna ou um fato observado; pode ser formulado por meio de uma pergunta. Relaciona-se também com a:

3
OBJETIVO GERAL → ligado à teoria geral; ao traçar, relacioná-lo ao **Tema.**

OBJETIVOS ESPECÍFICOS → ligado ao **Problema** são operacionais; delimitam o **Tema.**

4
HIPÓTESE → **Variáveis**
1, 2 ou mais componentes que são inter-relacionados.

Propõe resposta provável e antecipada do problema.

5
JUSTIFICATIVA → Mostra a relevância histórica e social da pesquisa, motivos e importância para a ciência e o porquê do tema escolhido, utilizando-se de argumentos de ordem teórica e prática.

---

[1] Professor titular do Departamento de Português da Pontifícia Universidade Católica de São Paulo.

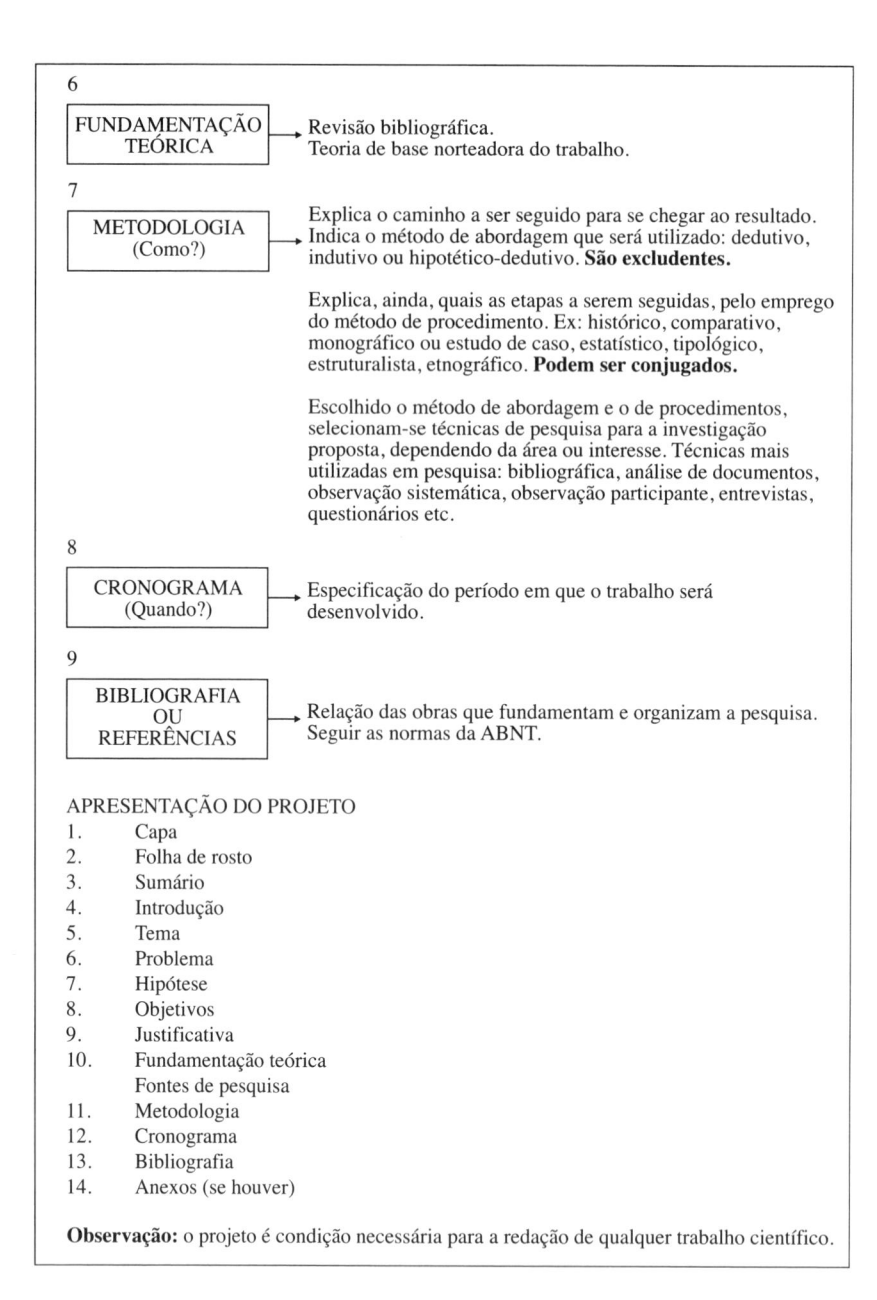

6		
	FUNDAMENTAÇÃO TEÓRICA	→ Revisão bibliográfica. Teoria de base norteadora do trabalho.

7		
	METODOLOGIA (Como?)	→ Explica o caminho a ser seguido para se chegar ao resultado. Indica o método de abordagem que será utilizado: dedutivo, indutivo ou hipotético-dedutivo. **São excludentes.**

Explica, ainda, quais as etapas a serem seguidas, pelo emprego do método de procedimento. Ex: histórico, comparativo, monográfico ou estudo de caso, estatístico, tipológico, estruturalista, etnográfico. **Podem ser conjugados.**

Escolhido o método de abordagem e o de procedimentos, selecionam-se técnicas de pesquisa para a investigação proposta, dependendo da área ou interesse. Técnicas mais utilizadas em pesquisa: bibliográfica, análise de documentos, observação sistemática, observação participante, entrevistas, questionários etc.

8		
	CRONOGRAMA (Quando?)	→ Especificação do período em que o trabalho será desenvolvido.

9		
	BIBLIOGRAFIA OU REFERÊNCIAS	→ Relação das obras que fundamentam e organizam a pesquisa. Seguir as normas da ABNT.

APRESENTAÇÃO DO PROJETO
1. Capa
2. Folha de rosto
3. Sumário
4. Introdução
5. Tema
6. Problema
7. Hipótese
8. Objetivos
9. Justificativa
10. Fundamentação teórica
    Fontes de pesquisa
11. Metodologia
12. Cronograma
13. Bibliografia
14. Anexos (se houver)

Observação: o projeto é condição necessária para a redação de qualquer trabalho científico.

Apêndice 2

Formulário

Média Aritmética

– Dados não agrupados

$$\bar{x} = \frac{x_1 + x_2 + x_3 + \ldots + x_n}{n} \Rightarrow \bar{x} = \frac{\sum_{i=1}^{n} x_i}{n}$$

x_i = variável; n = nº total de elementos

– Dados agrupados em classes

$$\bar{x} = \frac{x_1 f_1 + x_2 f_2 + x_3 f_3 + \ldots + x_k f_k}{n} \Rightarrow \bar{x} = \frac{\sum_{i=1}^{k} x_i f_i}{n}$$

x_i = variável; f_i = frequência absoluta; n = frequência total; k = nº de classes

Moda

– Dados não agrupados

A moda de um conjunto de números é(são) o(s) valor(es) mais frequente(s).

– Dados agrupados em classes

$$m_0 = l_i + \frac{\Delta_1}{\Delta_1 + \Delta_2} \cdot h$$

l_i = limite inferior da classe da moda;

Δ_1 = diferença entre as frequências absolutas da classe da moda e da classe imediatamente anterior;

Δ_2 = diferença entre as frequências absolutas da classe da moda e da classe imediatamente posterior;

h = amplitude do intervalo da classe da moda.

Mediana

– Dados não agrupados

A mediana é o valor central de um conjunto de números ordenados quando **n** é ímpar; a mediana é a média aritmética dos valores centrais quando **n** é par.

– Dados agrupados em classes

$$md = l_i + \frac{\frac{n}{2} - (f_i)_{anterior}}{(f_i)_{md}} \cdot h$$

l_i = limite inferior da classe da mediana;

n = frequência total;

$(f_i)_{anterior}$ = frequência acumulada crescente da classe imediatamente anterior à classe de m_d;

$(f_i)_{md}$ = frequência absoluta da classe da m_d;
h = amplitude do intervalo de classe da m_d.

Desvio-Padrão

– Dados não agrupados

$$s = \sqrt{\frac{(x_1 - \bar{x})^2 + (x_2 - \bar{x})^2 + (x_3 - \bar{x})^2 + \ldots + (x_n - \bar{x})^2}{n-1}}$$

ou

$$s = \sqrt{\frac{\sum_{i=1}^{n}(x_i - \bar{x})^2}{n-1}}$$

– Dados agrupados em classes

$$s = \sqrt{\frac{(x_1 - \bar{x})^2 f_1 + (x_2 - \bar{x})^2 f_2 + (x_3 - \bar{x})^2 f_3 + \ldots + (x_k - \bar{x})^2 f_k}{n-1}}$$

ou $\quad \dfrac{\Delta_1}{\Delta_1 + \Delta_2} \cdot h$

$$s = \sqrt{\frac{\sum_{i=1}^{k}(x_i - \bar{x})^2 f_i}{n-1}}$$

x_i = pontos médios de classe; $\bar{x}$ = média aritmética;

f_i = frequências absolutas das classes; n = frequência total;

k = nº de classes.

Observação – Existem outras medidas de posição e de variabilidade (ou dispersão), separatrizes, assimetria e curtose que podem ser consultadas nas referências bibliográficas citadas.

Impressão e Acabamento
Bartira
Gráfica
(011) 4393-2911